“学习·践行·变革”之校长培训丛书

总主编：肖建彬

发展性学校教育评价的建构与实施

FAZHANXING XUEXIAO JIAOYU PINGJIA DE JIANGOU YU SHISHI

贾汇亮◎著

天津出版传媒集团

天津教育出版社

图书在版编目(CIP)数据

发展性学校教育评价的建构与实施/贾汇亮著.
—天津:天津教育出版社, 2012.7
ISBN 978-7-5309-6797-3

Ⅰ.①发… Ⅱ.①贾… Ⅲ.①中小学-教育评估
Ⅳ.①G632.0

中国版本图书馆 CIP 数据核字(2012)第 136313 号

发展性学校教育评价的建构与实施

出 版 人:刘志刚

著 作 人:贾汇亮
责任编辑:王剑文

出版发行:天津教育出版社
天津市和平区西康路 35 号
邮政编码:300051
印　　刷:三河市人民印务有限公司
经　　销:全国新华书店
版　　次:2017 年 9 月第 1 版第 2 次印刷
开　　本:710×960mm　1/16
印　　张:14.5
字　　数:195 千字

书　　号:ISBN 978-7-5309-6797-3
定　　价:30.00 元

总序

专业化的核心要素

肖建彬

“‘学习·践行·变革’之校长培训”丛书第一辑由九部组成，分别是闫德明的《如何创建学校特色——若干典型案例评析》、龚孝华的《给校长参加跟岗学习的建议》、王蕙的《有效德育：基于实践的探索》、熊焰的《校本教师专业发展研修手册》、苏鸿的《教师的教育研究》、郭凯的《中小学校安全管理》、吴开华的《中小学热点法律问题研究与典型案例评析》、贾汇亮的《发展性学校教育评价的建构与实施》和周峰的《创建优质学校：理论探索与行动策略》。这些著作实际上是这些专家在自身极为丰富的中小学校长培训实践中积极探索、自主开发、反复实践、多方吸收、不断提炼而形成的。作为课程，这些内容是非常受欢迎的；作为教师，他们的教学也非常受欢迎。我想，作为教材，应该同样也会受到使用者的欢迎。

之所以给丛书起了这么一个“并不美丽，但很实在”的名字，是想传递一种意思：“学习”“践行”和“变革”是非常重要的，希望使用者能经常看到这三个概念，牢牢记住这三个概念，真心接纳这三个概念。因为我觉得，“学习”“践行”和“变革”是专业化的核心所在。

关于专业化的理论非常多，有些理论玄乎到“很哲学”的境界。这对于人们深入学习和探究有关问题是很有帮助的，至少可以告诉人们一个道理：即使是很简单的一个事物，如果细究起来还是有很多学问在里头的。然而，就实践而言，则十分需要一个简约的指引，可以让人把握精髓，付诸行动。基于是，比照各种理论和经验，加之自身实践的体验，愚以为，所谓专业化，说到底就是通过变革现状来提高有效性，而唯一有效的路径就是“学习”和“践行”。

专业化是一个过程，也就是“越来越专业”的意思，具体包括专业水平越来越高强、专业精神越来越饱满、专业活动越来越有效。它只有一个方向，就是越来越好。在专业领域，自己跟自己比，今天比昨天有进步，明天比今天有进步，即不断改变“现状”；包括变革自身，也包括通过变革自身进而变革工作环境和工作绩效，从而进入一个更加理想的状态。所以，作为专业化核心要素的“变革”既是专业化的目的，也是专业化的动机。它为专业化提供不竭动力。没有变革的愿望，就不会启动“专业化”的进程；没有变革的现实，专业就还没有“化”（进化）：一是没有自身变革的现实，就不存在专业化；二是没有工作对象变革的现实，就不存在真正意义上的专业化，即其所谓专业化也就没有表征，因而没有价值。因为专业化是与职业或专业技术工作联系在一起的，自身的变革也就成为变革工作环境和工作绩效的前提条件，所以，专业化应该从变革自身开始，以变革工作对象为终结。

如何实现专业化？曰：一靠学习，二靠践行。这里有两个重要的前提判断。首先，人们必须确认这样一个重要的前提判断，那就是并非所有的学习都能促进专业化，只有“好”的学习才能促进专业化。“好”的学习有三大功效：一是补充没有的，二是更新陈旧的，三是改变错误的。无论哪种结果，都将变革一个人的专业现状，都将使人的专业认知更加广阔、更加正确、更加精准，专业精神更加充实、更加坚定、更加自觉，专业行为更加规范、更加便捷、更加持久。可见，没有学习，是不可能有专业化的。其次，人们必须确认的另一个重要的前提判断，那就是并非“好”的学习就一定能够促进专业化，只有将“好”的学习付诸实践才能促进专业化，这就是“践行”。“践行”通常有三大功效：一是优化认知和情感系统，二是优化操作和行为系统，三是优化专业环境和工作结果。无论哪种结果，都将变革整个专业现状，都将使人及其与之相关的人和事发生越来越好的变化。简单地说，就是解决问题、促进发展。这就是最终意义上的专业化。

基于这样的认识，我认为，专业化是基于人（个体或群体）的一个整体运动，它是围绕“问题”来展开的，其核心要素“学习”“践行”和“变革”在这个整体运动中是紧密关联的、“一体两翼”的关系。因此，任何想推动专业化的培训，包括校长培训和教师培训，都必须研究人，“以人为本”，基于人、为了人、面向人、服务人；都必须立足问题解决；都必须妥善处置“学习”“践行”和“变革”三者的关系。如果仅仅把培训定位于“学习”“学习理论”或“学习最新理论”，那于专业化是没有太多裨益的。

“‘学习·践行·变革’之校长培训”丛书其实就是服务中小学校长专业化的教材。它期待对中小学校长的专业化有所裨益。能否达成这样的愿望，祈请读者诸君评鉴。如有改进高见，请直接与作者联系，也非常欢迎电邮至 xjb@ gdei. edu. cn。您的意见将有助于我们专业化。

为了理想的教育，让我们在教育理想烛照下，一起学习、践行、变革。

目录 Contents

第五章　发展性课堂教学评价

第六章　发展性学校评价

第七章　中小学校长领导效能评价及提升

参考文献

导 言

教育评价是现代教育活动的一个重要组成部分。一般来说，它是指根据一定的目的和标准，运用科学、有效的评价技术和手段，对教育活动的过程和结果进行测定、分析和比较并给出质和量的价值判断的活动。现代教育评价作为教育科学研究的三大领域之一，日益受到各国教育界的重视。当前，随着社会的发展、科技的进步，各国教育理念和教育模式都发生了深刻的变革。比如：强调建立开放的教育体系，充分发挥教育全方位的作用；倡导尊重学生的主体地位，促进学生个性的充分发展；努力提高教育教学的质量与效益，注重引进新的科学的教育方法、教育手段；注重课程改革，培养学生多方面的能力；转变教育行政职能，加强学校的办学自主权，等等。为保障这些改革的深入进行，各国都迫切需要建立与之相适应的教育评价体系，可以说教育的快速、健康、稳定发展需要科学、合理、有效的教育评价体系。

新课程改革以来，教育评价的地位和重要性在我国得到进一步的确认。但是，教育评价也成为很多机构或个人不积极推进教育教学改革的借口。很多人认为，教育评价制度不改革，一切教育教学改革都不可能深入。从宏观的教育发展背景来看，这句话有一定的合理性。现在，政府和民间对学校和教师的评价只是简单地基于升学考试情况，这种状况的确没有给予学校和教师多少改变的空间。于是，在我国教育领域出现了很多不合常理的怪现象：政府和民众心目中的优质学校往往是“应试教育”做到极致的学校，在这种类型的学校，教师教得苦、学生学得累，却是政府和公众心目中的好学校；教师和学生都成了精神空虚的简单体力劳动者，靠简单的重复、不断的强调、反复的练习，维持“至关重要”的分数。教师评价把教师专业生活简单化为了固定程序的因循、获得分数的几个基本步骤、保持课堂效率的规范化操作；学生评价把学生学习生活固化为知识点的识记、考试技巧的掌握、维持考试成绩的机械化训练。

我们必须清醒地认识到：教育评价对考试的执迷，不仅不能转化为国际竞争力，而且是以剥夺教师们的专业智慧和孩子们的健康快乐为代价的。教育本是为了培养人的活动，而人是具有主动发展的内在需求的。教育评价，作为引导人成长的重要教育活动，却极大地忽视了这一点。有人错误地认为，人只有在外在力量的推动下才能成长。于是，人成了“被动发展”的抽象存在，不再是具有主观能动性的、有个性的、有活力的具体的人。在这种观念的主导下，人的成长目标都被预先设定了，人在既定的评价标准框架下逐步失去了个性，成功学生都是千人一面，丧失了众多成长的可能性；在预设目标的框架下，人被分为三六九等，从小在人与人的比较中成长，有的自负，有的自卑……难以培养出引领未来世界发展的领导者。

学校教育评价改革刻不容缓。我们必须大力推动主动发展导向的学校教育评价改革，充分认识到教师、学生自主发展的内在需要，给予他们自主发展的自由和空间，赋予教师智慧、学生灵气、课堂活力，让教育重新焕发生命的活力。当然，有些人会说，在行政主导的教育评价制度不改革的情况下，这种理想很难实现。我想持有这种观点的人，本身就没有形成正确的教育评价观。我们必须基于教师和学生的成长来重新认识教育评价的内涵，形成“大教育评价”的观念。一旦形成了这种教育评价观，我们就会发现，即使外在的行政主导的教育评价对学校教育评价改革有一定的束缚，学校也可以在教师和学生评价方面找到引导他们主动发展的做法。最近几年，不断涌现出来的优质中小学校向我们展示了学校内部通过评价机制改革推动师生主动发展的巨大魅力。教育评价在中小学校重新焕发了生机。

本书将在简要介绍发展性教育评价的理念、特征及实施的基础上，从学生评价、教师评价、课堂教学评价、学校评价、中小学校长领导效能评估等方面，系统介绍教育评价的最新进展，中小学校在这些方面所进行的改革尝试，期望能够对中小学改革学校教育评价制度提供一些启迪和借鉴。

第一章

重新认识发展性学校教育评价

一、发展性教育评价思想的提出

教育评价（educational evaluation）这一概念，由美国俄亥俄州州立大学教育科学研究所教授泰勒（R. W. Tyler）于1930年首次提出。[①]在近百年的发展历程中，教育评价的价值取向在不断演变，在逐步认识到人的具体价值的基础上，教育评价进入了发展性教育评价阶段。

（一）教育评价价值取向的演变

价值是客体对主体的价值，是在主客体之间的关系基础上产生的，主客体之间有相互作用是价值产生的基础，[②] 而一种价值经过长久演变成为一项影响重大的广泛信念，便可称之为价值取向。教育评价的价值取向是教育评价主体对教育评价活动价值的稳定认识。自教育评价活动产生以来，随着教育评价活动中主客体关系的变化，教育评价的价值取向便走过了四个阶段：通过目标、行为控制人的发展，通过过程、方法推动人的发展，通过尊重、参与服务人的发展，通过协商、合作实现共同发展。

---

① 沈玉顺．现代教育评价学［M］．上海：华东师范大学出版社，2002－1

② 母小勇，谢安邦．论教师教育课程的价值取向［J］．教育研究，2000（8）

1. 通过目标、行为控制人的发展

最初，教育评价活动的主体是广泛意义上的国家和社会，教育评价专家代表国家和社会制定教育评价标准，实施教育评价活动，教育评价的价值取向是按照国家与社会的利益和需要而确定的。在这个阶段，教育发展的目标是预先设定的，教育评价的目的就是通过判断教育活动有没有达成目标来确定教育的效果。泰勒模式是这种教育评价价值取向的典型代表。它把既定的教育目标转化为一系列可以测量的行为，并据此确定教育活动的效果，判断实际教育活动达到预期教育目标的程度。这个过程明显控制着人的发展。因为，当时教育目标的设定是由教育评价专家根据国家、社会对教育发展的要求来确定的，其他机构和个人没有表达自己教育需求的机会。尽管这种评价方法对于验证教育目标的达成有很好的效果，但忽视评价对象主体价值的巨大缺陷使它后来成为人们不断批判的标靶。

在希望通过教育评价控制人发展的阶段，目标取向的教育评价方法大行其道。这种教育评价方法根源于泰勒的行为目标教育评价模式。这种教育评价方法把教育评价看做是预定教学目标与真实教育结果相比较的过程。正如泰勒所说："评价过程实质上是一个确定课程与教学计划实际上达到教育目标的程度的过程。"[①] 基于目标的教育评价方法的基本特点是以目标为中心或以目标为导向，把教育目标表示为一系列可测量的学生行为，并以此为依据确定实际教育活动达成预期教育目标的程度。为了验证预定目标的达成程度，它把评价的关注点放在了教育活动结束之后，从而忽略了过程本身的价值，容易导致"教育活动已经发生，评价已没有意义"的状况。目标的确定性与评价标准的唯一性是这种评价方法实现控制人发展的重要前提，这也是目标导向的教育评价方法的本质特征。其后，随着教育评价理念的进

① 泰勒．课程与教学的基本原理［M］．北京：人民教育出版社，1994：85

步，为了与先进的教育评价方法加以比较，目标导向的教育评价方法不断衍生出其他的称谓。比如，为了与形成性评价对比，称之为终结性评价或总结性评价；为了与发展性评价对比，称之为奖惩性评价。在这个过程中，为了突出新生教育评价方法的优势，甚至有意无意地曲解或误解这种方法的本来要义。

2. 通过过程、方法推动人的发展

在认识到以控制人的发展为价值取向的教育评价的弊端后，经过克龙巴赫等教育评价专家的努力，教育评价的价值取向走向了通过过程评价（形成性评价）推动人发展的阶段。它通过在具体的教育情景中开展教育评价，发现教育过程、方法存在的阻碍人发展的问题，及时改进，为推动人的发展服务。在这个阶段，具体开展教育评价活动的机构和个人的主体地位得以确认，教育对象的主体价值也初露端倪。但是，人的发展需要“推动”说明，尽管已经认识到人的主体价值，但非常有限，还没有认识到每个人都有自我发展、自我实现的内在需要。在教育评价实施过程中，评价对象的需求还没有得到重视，评价工作还是想当然地自己决断，进而给出改进建议，至于是否符合评价对象的需要，也就不重要了。但是，这种评价的价值取向还是推动教育评价有了长足的进步，扩展了教育评价的视野，使教育评价更为全面、更有具体的指导意义。

在推动人发展的价值取向阶段，人们认识到目标导向的、注重最终结果的教育评价方法存在明显的弊端。正如 1963 年克龙巴赫撰文所指出的，以往评价的理念缺乏实用性和合理性，偏重于事后评价。这种评价不利于教育活动的改进与提高。它注重终结性评价，不能在教育活动的过程中指导教育活动主体的发展；只是在教育活动完成后，验证教育活动的效果是否符合既定的教育目标，而不关心教育活动主体是否获得了提高与发展。泰勒强调：“评价能完成的最大贡献是确定教程需要改进的方面。”① 另外，只注重结果，不注重过程的教育评价可能导致偏颇和不公平现象。比如，两位教师教同一层次水平的不同班级的同一科目，取得了同样的成绩，如果按照目标导向的评价方法，两位教师的评价结果是一样的。但是，两位教师取得成绩的过程可能是不一样的，比如，其中一位老师是靠加班加点挤占学生的课外活动时间、自习时间甚至是休息时间取得的成绩；而另一位老师是通过提高课堂教学的效率和质量取得的成绩。显然，这两位老师的评价结果一样是不公平的，这样做可能把老师引导到恶性竞争的轨道上去。可见，仅仅关注最终结果的教育评价方法的确存在一定的问题。

20 世纪 60 年代美国教育评价学者斯塔弗尔比姆（D. L. Stufflebeam）提出了“CIPP”模式的教育评价方法。把教育评价的范围从只注重结果延伸到背景（Context）、投入（Input）、过程（Process）与结果（Product）并重的综合评价。在斯塔弗尔比姆之后，在教育活动开展的同时开展教育评价，“及时发现问题，解决问题，改进提高”，成为教育评价发展的主流。过程取向的教育评价方法尝试走出预定教育目标的限制，强调把教师与学生在教育教学过程中的全部情况纳入评价的范围，强调评价者与具体评价情景的交互作用，主张凡是具有教育价值的结果，不论是否与预定目标相符合，都应当受到评价的支持与肯定，甚至没有教育价值的结果也要分析总结。正如斯克里文（M. Scriven）所说：“对目的的考虑和评价是一个不必要的，而且是有害的步骤。”② 目标评价很容易使评价人受方案制定者所确定的目的的限制。因此，他建议把评价的重点由方案想干什么转移到方案实际干了什么上来。他认为，评价委托人不应把方案的目的、目标告诉评

① 泰勒．通过评价改进教程，教育学文集—教育评价［M］．北京：人民教育出版社，1988：164

② 斯克里文．评价方法论，教育学文集—教育评价［M］．北京：人民教育出版社，1988：180－185

价人，而应当让评价人全面地收集关于方案实际结果的各种信息，不管这些结果是预期的还是非预期的，也不管这些结果是积极的还是消极的，这样才能使人们对方案作出正确的判断。过程导向的教育评价方法赋予了实施评价活动的机构与人员以足够的主体地位，因为他们对评价的看法直接左右着教育评价过程。

3. 通过尊重、参与服务人的发展

人的需求怎么去满足，是教育评价得不到评价对象配合时，教育评价专家不得不考虑的问题。尊重评价对象、允许甚至邀请评价对象参与到教育评价过程中来的以服务为目的的教育评价阶段终于来临了。斯克里文的消费者导向评价，可以说是这个阶段的开端，它强调教育活动的参与者或受教育者的利益的满足。在这个阶段，以自我评价为中心的多元评价发展趋势初见端倪，发展性教育评价也深入人心。教育评价活动的开展，一定要根据评价对象的需求和具体情况，服务于评价对象的发展。在评价内容的选择上，也越来越尊重被评价者的建议，被评价者在评价内容选择上的权限越来越大。比如，在教师评价中，规定评价内容与自选评价内容相结合的模式越来越受到教师的欢迎。

在服务人的价值取向阶段，教育评价对象的主体价值已经得以确认，为了在教育评价活动中实现教育评价的对象的价值，主体取向的教育评价方法开始出现。从目标到过程，教育评价方法把方方面面都考虑周全了，唯独缺少了作为评价对象的人的需求表达。教育是人类自我完善的一种工具，但在教育评价活动中，我们过于注重教育活动本身，而忽略了教育服务对象的人，有点本末倒置。不管我们怎样注重结果、怎样改进过程，可是如果我们的做法一开始就不符合评价对象的需求，我们做得越完美，就越得不到评价对象的认同——“你评你的，与我何干”，这种现象把教育评价推向了死胡同。这时，（以评价对象为）主体取向的教育评价方法应运而生。如何在满足评价对象教育需求的基础上，促进教育评价对象的发展，成为教育评价关注的焦点。

斯塔克（R. E Stake）提出了应答式评价方法，认为要使评价结果能真正产生效用，评价人必须关心这一活动所有参与者的需要，通过信息反馈，使活动结果能满足各种人的需要。具体来说，应答评价是通过评价者同与教育活动有关的各种人员接触，了解他们的愿望，然后把它同实际活动进行比较，对教育决策或方案作出修改，对大多数人的愿望作出应答，以使教育能满足各种人的需要。斯克里文提出了消费者导向模式。这里的消费者一般是指教育活动的参与者或受教育者。斯克里文认为，评价是对事物的价值和优缺点所作的系统判断，而不是只测量事物或判断目标是否达成；评价者要判断教育活动所达成的目标是否对消费者的利益有所贡献，也就是说要注意从消费者的角度来确认教育活动的价值，而不仅仅从社会的角度。

4. 通过协商、合作实现共同发展

忽视个体的主体地位或极端重视个体的主体地位都不利于教育的健康发展，这是由教育的规律决定的。当一个人的教育需求本身就有问题时，教育评价是不是还要盲目地满足呢？这显然是一个不得不解决的问题。评价者与被评价者在地位平等的基础上，通过共同合作、协商来实现双方的共同成长，在强调个体利益的同时符合社会的基本教育价值诉求，是解决这个问题的根本途径。多元主体教育评价走向为解决这个问题提供了一条途径。在这个阶段，访谈式评价等质性评价方法成为教育评价的主流形式。

对主体教育需求的关注，进而走向主体导向的教育评价方法是教育评价发展史上的又一次飞跃。现在，体现这种理念的教育评价方法是倍受人推崇的发展性教育评价方法。满足评价对象的需求、服务于评价对象是发展性教育评价的主要价值。但是，这种价值取向可能存在一个易被人忽视的问题——如果个体的教育需求本身就存在偏差，如果还一味地去满足、去服务，那会不会把教育引向歧途？教育毕竟是促进社会发展和个体发展的和谐统一，忽视评价对象的主体地位以及过于强调评价对象的主体地位，都不利于教育评价活动的顺利开展。如何把握这个尺度，是教育评价方法必须解决的问题。和谐取向的教育评价方法，能够设置一个平衡机制，在保证评价对象教育需求满足的同时，也能保证教育社会需求的达成。这个平衡机制就是把教育评价的主体范围扩大，实现教育评价主体的多元化趋向。

最早提出评价主体多元化的是派特（M. Q. Patton），他认为，应该把需要评价信息的所有人员纳入到教育评价主体范围内，听取他们的要求和建议，使评价结果更好地满足他们的需要。① 20 世纪 80 年代，美国评价学者伯若克（A. S. Bryk）将教育评价主体的范围进一步扩大，他认为不仅评价信息的需要者要参与评价，与评价有利益关系的相关人员也要参与到评价中来。② 1989 年，美国教育评价专家枯巴（E. Guba）和林肯（Y. S. Lincoln）出版了名为《第四代教育评价》的专著。他们所构筑的“第四代评价理论”提倡在评价中充分听取不同方面的意见，并把评价看做是一个由评价者不断协调各种价值标准间的分歧、缩短不同意见间的距离，最后形成公认一致的看法的过程。这种理论进一步推动了教育评价主体多元化的趋势。当然，在早期的教育评价主体多元化发展过程中，虽然主体是扩展了，但是其参与的程度是有限的。因为，在评价主体多元化的进程中，还有一个不容忽视的问题，就是参与评价的主体的能力问题，也就是说允许参与不等于能够参与，因此必须重视对参与评价的人员的培训与教育。费特曼（D. M. Fetterman）于 1994 年提出了“使能评价”的理论，在积极倡导多元主体参与评价的同时，主张评价对象不仅要最大限度地参与评价过程的每一个环节，还要在评价过程中获得参与评价所必须的知识与技能。③ 费特曼所期望的目标是通过评价的实施以及组织学习，

① M. Q. Patton. Utilization-focused Evaluation（2ndED.）［M］. Newbury，CA；Sage

② A. S. Bryk. Stakeholder-based Evaluation. New Directions for Program Evaluation，17. San Francisco，CA：Jossey-Bass

③ D. M. Fterman. Empowerment Evaluation［J］. Evaluation Practice，15（1）：1－15

使组织中的每个成员都有独立发现问题、解决问题的能力。以评价主体多元为特征的、和谐导向的教育评价方法为教育评价活动的参与者协商、合作实现共同发展提供了可能。

（二）发展性教育评价的价值取向

教育评价的价值取向是在教育评价主体与教育评价活动的主客体关系不断变化的情况下有规律地演进的。在这个过程中，教育评价对象主体地位的提出与获得发挥了关键性的作用，这促使我们必须从更多的角度重新定义教育评价的价值。从控制、推动人的发展到服务人的发展，再到实现评价者与被评价者的共同发展，教育评价的价值取向在不断强化评价对象的主体价值的过程中得到了提升与发展，并且在主体多元的进程中实现了教育个体需要与社会需要的和谐统一，最终达到了发展性教育评价阶段。

第一，教育评价要尊重评价对象的主体性。教育评价通过设定外在的评价标准，规定评价对象的发展目标，固然可以起到引导评价对象发展的目的。但是，如果评价对象没有内在的发展需求，没有主动发展的主体性，多么再完美的发展目标也没有实际意义。尊重评价对象的主体性，实质上就是允许评价对象独立自主地对自己的行为作出价值判断，从而达到塑造评价对象独立人格和创新精神的目的，增强评价对象的独立性和主动发展意识。

第二，教育评价要服务于评价对象的成长。长期以来，教育评价把关注的焦点放到了通过外在的评价标准控制、约束评价对象，并且以是否达到评价标准奖惩评价对象上。在这种情况下，学生的发展被外在的评价标准所胁迫，学校生活和学习过程失去了本应具有的生命色彩，进而影响了学生们的生命质量。所以，教育评价要从把学生分为三六九等的错误取向中走出来，把关注的焦点放到如何更好地服务评价对象的成长上，为学生成长提供更多的帮助，让学生成长有更多的可能性。

第三，教育评价要从个体和社会两方面寻找教育的价值。早期教育评价过分突出教育的社会价值，强调教育的社会本位，忽视个体教育需求是有问题的。但是，极端强调个体的价值，认为个体的价值高于社会的价值的评价观，同样存在问题。为了实现教育个体需要与社会需要的和谐统一，教育评价价值取向最终走到了评价者与被评价者在地位平等的基础上，通过共同合作、协商来实现双方的共同成长的阶段。在这个阶段，教育评价的价值取向强调的是在符合社会的基本教育价值诉求前提下满足人的个性化教育需求。

二、发展性教育评价的视阈转换

（一）从“抽象人”到“具体人”

教育的对象是人，人是一切教育活动的出发点。在教育评价发展过程中，对“人”的认识的每一次超越，都会产生不同的教育评价观。长期以来，教育评价是建立在“抽象人”基础上的，在追求评价目标的一般性、评价标准的统一性、评价过程的规范性中使教育评价成为了抹杀人的创造性和个性的“帮凶”。由于“人”本身是人类最难把握的认识对象，也是最缺少真知的对象，因而，每对“人”进行一次“与众不同”的抽象表达，都会丧失一部分人性并意味着对现实中活生生的人的疏离。结果，众多的“人”如同漂在空中的气泡，虽然五彩斑斓地贴着“人”的标签，却并没有“人”的实质内容。① 在“抽象人”价值观影响下，教育评价的旨趣在于一次次尝试概括“人”的共性，进而制定统一的评价标准，造就成千上万同样规格的人才。在这个过程中，作为“具体人”的鲜活个性、实践性与创造性被修正掉了，教育成为了“标准化生产线”，许多教育问题由此产生。以“抽象的人”为基础的教育评价在追求客观性、共同性、规范性和

---

① 伍红林．从“抽象人”到“具体个人”——当代教育理论与实践中“人”的转向［J］．高等教育研究，2007（1）

效率的同时，忽视个体的主动性、独特性、差异性，忽视人的丰富性，忽视人发展的潜在性和长期性。其结果导致工具价值超越本体价值，人的价值被遮蔽，使学校教育评价改革陷入困境。①

发展性教育评价的最大价值就在于确立了“具体人”的理论视阈。从“抽象人”到“具体人”的视阈转变，意味着“人”既有人的共同特点、群体性特点，也具有特定遗传素质、需求、情感、能力以及随着时间和条件的变化而不断改变的个性特征。在“具体人”视阈中，“人”变得丰富多彩，富有生命活力了；教育评价也开始认识到人的成长的复杂性，不再用统一的、固定的甚至是唯一的评价标准来约束人的成长，人的成长具有了更多的可能性，“人”的价值得以凸显。

【案例 1－1】

顾明远教授建议取消三好学生评选②

中国教育学会会长顾明远教授在上海教育论坛上呼吁，取消三好学生的评选，希望用个性化评比来替代，以减少给学生心理上造成的压力。

三好学生是我国中小学阶段给予德智体全面发展的学生的一种荣誉称号，即“学习好、思想好、身体好”。但顾明远认为，评选三好学生从理论上没有根据，我国的教育方针就是要求每一名学生在德智体各方面全面发展，但现在评选出的三好学生数量，大约只占到 10%，这无形中在心理上造成三好学生跟其他同学的差别，这是最伤害学生的。他质疑，难道没被评上“三好”的学生，德智体各方面就不好了吗？而事实上，有些学校在评选三好学生上现在已经走偏了方

① 龚孝华．从“抽象的人”到“具体个人”：学校教育评价改革的基础［J］．教育发展研究，2009（8A）

② 董川峰．专家建议以个性化评比代替“三好”评选［EB/OL］.（2011－3－12）Http：//www. people. com. cn/GB/jiaoyu/1055/2513031. html

向，三好变成了一好和二好，成绩好或听话的学生就能评上三好。

业内人士也提出，现在评选的三好学生实际上就是“特权”学生，最明显的就是在升学中可以加分，荣誉性的东西，如果很功利地去看能给自己带来多大的实惠，并不是什么好事情。

顾明远的看法是，对知识和人才的肯定未必只有“德智体”。现在一些学校评三好学生的标准已有变化，“三好学生”不再是唯一标准；而深圳一些学校现已取消“三好学生”评选，而是采用个性化评比，分为思想品德、学习、体育健康、综合能力四大方面，由学生自我申报，向全班“述职”，大家考评。

【案例分析】

“三好学生”作为一种标签，本身就是对人的发展成长的抽象化，在大力倡导“具体人”教育理念的今天，取消三好学生评选，从更多的层面认识孩子的价值未必不是好事。

（二）从被动发展到主动发展

心理学以及管理学的众多理论告诉我们，人都有主动建构、主动发展的内在需要。长期以来教育评价却没有认识到这一点，始终把控制人、约束人的发展作为重要任务，不仅没能取得理想的效果，还被评价对象不断诟病。审视“被动发展”价值取向下的教育评价，其问题根源是把人当成了教育加工的对象，忽视了人的主体地位，没有认识到人的具体性。在这种情况下，统一的评价标准、规范的评价程序使得“人”失去了自由发展的机会。发展性教育评价树立了“人”都有主动发展的内在需要的理念，致力于为“人”的主动发展提供评价服务。这种视阈的转换把教育评价活动与评价对象之间的对立转化为了合作，放大了教育评价的指导与改进功能。发展性教育评价致力于促进“人”的自主学习、自我完善、自我更新，引导人在自主建构中彰显生命的价值。

【案例1-2】

钱伟长成长给教育的启示[①]

2010年7月30日早晨，著名科学家、上海大学校长钱伟长在上海逝世。有关钱伟长青年时期的求学经历，被各大媒体反复提及。在这里，请允许笔者对这段经历，花一定篇幅进行赘述——18岁那年的高考中，钱伟长数学、物理、化学和英语，总共考了25分。其中物理只考了5分，英文从没有学过，考0分。所幸靠着文科成绩（中文和历史两个100分），通过了清华的考试。他听从钱穆的建议，选择就读清华大学历史系。进入历史系的第二天，“9·18事变”爆发，钱伟长从收音机里听到了这个消息后，毅然决定：“我不读历史系了，我要学造飞机大炮。”起初，物理系主任吴有训不愿意收他，但禁不住钱伟长的纠缠，吴有训提出先让钱伟长试读一年，如果化学、物理和高数都考过70分，就允许他转系。这段经历，令人深思。放在今天，钱伟长中文、历史、数学、化学、物理、英语的总分只有225分，绝对连专科线也达不到，休想进入清华大学；而更不可思议的是，物理只有5分的钱伟长，居然通过游说系主任，进了物理系！从此走上完全不同的人生道路。钱伟长逝世之后，舆论感慨于“三钱”的陨落，对中国科技与教育充满惆怅。而有意思的是，航天之父钱学森先生去世当天，时任教育部部长周济离任；钱伟长先生去世前一天，我国《教育规划纲要》正式发布。人们总希望，中国教育的发展能走出困境，培养出像“三钱”这样的大师。在笔者看来，钱伟长先生的教育经历，不能只是一段“传奇”，而应该作为中国教育发展的“案例”来分析。他的教育经历，至少与我国高校的招生和培养管理制度相关。在我国《教育规划纲要》中，谈到考试升学制度改革，要打破一考定终身，“建立健全有利于促进入学机会公平、有利于优秀

① 钱伟长成长给教育的启示［EB/OL］.（2010-9-2）Http：//hi. baidu. com/yesh83/blog/item/d929c61713beaa04c83d6d59. html

人才选拔的多元录取机制”。然而，每当推进高考制度改革时，统一高考、集中录取制度，都会被公众认为是当下“最不坏的制度”，因为大家担心，所谓的高校自主招生，会扼杀贫困家庭子女的升学机会。那么，恢复公众对高校自主招生的信心，必是改革的关键。可是，高校的表现又如何呢？今日的清华大学，与钱伟长先生求学时的那个清华大学，具有同样的办学声誉与社会公信力吗？为何那个时候的大学能够做到，反而今日的大学却不能做到呢？至于学生培养管理，现行学籍制度，是“一个萝卜一个坑”，虽然近年来高校陆续推出转专业制度，然而转专业要求很严，要依据高考分数、大学一年级学习成绩、转专业考试成绩，才能决定是否允许转专业。而转学，则更是难上加难。可在钱伟长先生求学的时代，转专业和转学，基本上是常态。大师的诞生，需要有相应的环境。钱学森先生生前发出“培养不出拔尖创新人才”的世纪之问；而钱伟长先生在任上海大学校长期间，提出了冲破“学校与社会之间，学科之间，教学与科研之间，教与学之间”四堵围墙的理念。对于我国教育发展来说，要走出困境，培养杰出人才，或许可从大师的求学经历中找到现成的答案，而不是凭空臆想出什么发展教育的高招来。

【案例点评】

在思考钱伟长先生成长经历的时候，我更多地在思考是当年鲁迅先生弃医从文、钱伟长先生弃文从理之后，在基础薄弱、起步较晚的情况下何以取得如此大的成就。这固然与两位先生的先天素质优越有一定的关系，但是心系国家民族所激发出的主动发展力量也是不容忽视的。所以，我认为“笨鸟先飞”这句话并不适用于人的成长，因为，当一个人内在的力量被激发之后，起步再晚，也能取得瞩目的成就，钱伟长先生就是明证。

（三）从外在约束到内在需要

在功利性教育目标的影响下，传统教育评价最擅长的方式就是用外在的东西（奖励或惩罚）来约束孩子。早些年，很多农村学校的标语就很形象地说明了这个问题。比如“今天穿草鞋、明天穿皮鞋”“不要忘了你还是农村户口”等等。这些标语的背后是赤裸裸的外在的功利性目标。直到今天，很多老师还是在教育教学中娴熟地利用基于外在约束（诱惑）的教育评价手段，而不是去激发学生内在对知识的渴望，让学生在知识探究的过程获得积极的情绪体验，产生内在的学习需要。

在外在约束教育评价理念下，老师们常常发现孩子们对学习缺乏热情。于是，老师就更加倚赖外在的奖赏和惩罚——赞美、分数、恐吓和批评。然而，这些外在的诱因经常适得其反。孩子们变得很在乎外在的评价——非常害怕得到错误的答案，以及担心自己看起来是愚笨的——以至于他们不能专心集中在他们的学习上。被这样的压力所鞭策，他们所学有限，也很容易不喜欢学校以及学习的过程。另外，更严重的是外在的约束（评价）会剥夺孩子们的独立性。在外在奖励、惩罚的约束下，孩子们会很在乎掌握奖惩权力人的意愿，这就无限度地放大了教师的权威。孩子们会时刻关注老师，以知道他们应该做什么和说什么。这种对教师外在认可过于紧张专注的成长历程，可能会剥夺孩子独立思考的能力以及批判意识，最终丧失的是创新精神。

【案例1－3】

“差生”被带绿领巾[①]

2011 年 10 月 17 日中午放学后，西安市未央区第一实验小学门外，一些孩子胸前的绿领巾在人群中显得格外扎眼。中午时分随着下课铃响起，小学生们在老师引领下排队回家。最先走出校门的是一年级学生，队伍自然地被他们佩戴的领巾颜色分成了两类：一半孩子戴

① 李建利．“差生”被带绿领巾［EB/OL］.（2011－10－24）Http：//blog. sina. com. cn/s/blog_ 415e39940100yiet. html

着鲜艳的红领巾，另一部分孩子则戴着绿领巾。

“你学习不好，戴绿领巾，我才是真正的红领巾……”西安市未央区第一实验小学门口，两个放学的孩子嬉闹起来，来接佩戴绿领巾孩子的家长的表情尴尬。苏女士的女儿读一年级，她说孩子看书、写字挺认真的，就是反应有些慢，成绩一般。上周五，她女儿回家就戴着绿领巾，她觉得特别奇怪，女儿说这是老师发给她的，班里戴绿领巾的同学将近一半。

“确实没想到，家长会对绿领巾有意见。”17 日，该校冯老师说，设计绿领巾的初衷是对孩子加强教育培养，参考了外地一些学校的做法，也考虑到一些家长的特殊要求，并非有意区分好学生和差学生。冯老师解释，一年级学生不是全部同时加入少先队，一般分成两个学期完成。优秀上进的孩子肯定属于第一批，学习、思想品德表现稍差的学生没有红领巾，一些家长曾提出孩子回家不高兴，希望老师能考虑其他变通方法帮助教育。“绿领巾的含义，就是告诉他（她）加油努力，下次争取戴上红领巾。”

据介绍，学校委托制作红领巾的厂家，设计了同样大小的绿领巾，10 月 14 日发放给没有入队的学生。学校九十多名一年级学生中，约有一半人都佩戴绿领巾。学校相关负责人称，作为一种教育探索，这种做法还没给上级部门汇报过，学校把这部分学生称为“苗苗少先队员”作为预备培养，对佩戴绿领巾的要求和红领巾一样。如果有家长觉得不合适，老师可以考虑和家长协商寻找妥善的解决办法，不给孩子造成影响。

得知学校让小学生佩戴绿领巾的尝试，陕西省少工委工作人员说，《中国少年先锋队队章》中并没有“绿领巾”的规定。“我们不支持学校这种做法，佩戴绿领巾不符合全国少工委有关规定。”相关负责人介绍，少先队作为全国性少年儿童群众组织，重要标志上有统一规范。据了解，上海、北京、武汉一些地方也曾出现过“绿领巾”，作为少先队员预备期的教育形式。但红领巾有其特定含义，两者本来不是同一事物，这些做法已经被叫停。西安市教育学会会长许建国认为，佩戴红领巾是一项严肃神圣的行为，尽管佩戴绿领巾的出发点是激励孩子成长，但红领巾、绿领巾都在校园内出现，不利于孩子对红领巾的认知与尊重。绿领巾虽不是差生的标志，但客观上已变相给孩子划分了等次，这容易让孩子幼小的心灵产生自卑感，不利于心理健康。据媒体报道，共青团中央2004年已开始在全国追查“变色红领巾”。

【案例分析】

当一个老师把学生分成三六九等，并通过“绿领巾”等外显标志区分时，这个老师就基本丧失了继续做人师的基本职业道德。做老师一定要有一种信念，那就是坚信每一个学生都是好学生，并对他们充满正面积极的期待。可在外在评价制度下，我们的学校和老师把外在的惩罚（或者是奖赏）作为了激励学生的手段。在一个充满了歧视和竞争的学校环境中，孩子会喜欢学校，喜欢读书吗？学校与老师应该更多地想一下如何呵护孩子们的个性和兴趣，而不是把自己想象的外在的好学生标准强加在学生身上。

三、发展性教育评价的特征

（一）教育评价理念的发展性

在多元教育价值观的影响下，现代教育评价的理念逐步走向发展性。所谓发展性教育评价，是指以教育评价对象的主体性发展为目的，评价者与评价对象建立互相信任的关系，在评价过程中能够及时发现问题、解决问题、发展提高，最终实现教育目标的过程。发展性教育评价很好地兼顾到教育的个体价值与社会价值，既尊重了评价对象（主要指教师、学生）的主体性；也有利于教育目标，即教育社会价值的实现。

（二）教育评价主体的多元性

为尊重教育活动的参与者和受教育者的利益需求，在教育评价活动开展的时候，教育活动的参与者和受教育者逐步成为了教育评价活动的主体，教育评价的主体多元化趋势越来越明显。评价主体的多元化趋势对教育评价产生了巨大的影响。

（1）改变了过去评价者与被评价者的对立关系，双方本着促进评价对象发展、提高的目的，彼此信任、相互合作，有利于营造民主、和谐的评价氛围。

（2）对评价者提出了更多的要求。首先，枯巴和林肯在“第四代评价理论”中提到评价者需要协调各主体间的价值标准间的分歧，使其逐步趋于一致。这就要求评价者要有一定的协调与管理能力。其次，评价者要合理安排评价活动，保障多元主体参与的计划性与实效性，激励其参与的积极性。再次，根据费特曼的观点，评价者也必须对参与评价的主体进行教育和培训，使他们掌握评价的知识与技术，为以后参与或独立开展评价奠定基础。由以上分析，我们可以看出，在多元主体评价过程中，评价者不能把自己的想法强加给评价对象，更多的是利用自己的专业优势，对评价活动进行引导和帮助。这些要求也促进了教育评价者的专业化。

教育评价主体的多元化走向，虽然带来一些可喜的变化，但是在具体的教育评价活动中，我们也要谨慎地使用。首先，多元主体评价需要更多资源的投入和外部的支持。其次，多元主体评价由于参与者各自的利益的不同，因此有时很难协调他们之间的价值分歧，造成评价活动目标的不一致。再次，吸收更多的人员参与到教育评价过程中来，对于全面了解评价对象、提高评价的有效性以及评价结果的利用率方面都有巨大的作用，但是也必须明确参与者必须有参与评价的能力。不能满足于追求形式，使得其他的参与者如同聋子的耳朵，只是一个摆设。因此必须重视提高他们参与评价的能力。所以，开展教育评价的时候，要综合权衡各方面的情况，然后决定是否采用多元主体评价。但教育评价的多元主体走向是教育评价发展的一个必然趋势。

（三）教育评价范围的扩展性

教育评价范围可以分为两个层次：教育评价对象和教育评价内容。教育评价对象也就是教育评价的客体，研究教育评价的对象，也就是解决评价什么的问题。教育评价的内容，我们可以把其界定为针对某一评价对象开展评价所涉及的项目及因素。从这两个层次来看，教育评价的范围都呈现出不断扩展的走向。

从教育评价对象来看。现代教育评价逐步发展为包括学生评价、教师评价、学校评价、区域教育发展评价、课程评价等众多评价对象在内的综合系统性评价模式。当然每一种具体的评价所解决的问题和侧重点有所不同，但根本的目标都是促进教育的发展。比如学生评价重在促进学生的全面发展，培养或发展学生多方面的潜能；教师评价要促进教师的专业发展、提高教育教学水平；课程评价就是要开发和建设有利于学生发展、教育水平提高的课程体系。

从教育评价内容来看。传统教育评价内容往往是单一的，比如学生评价侧重于智力发展，也就是以学习成绩作为重要的评价内容，而忽视其他对学生成长至关重要的诸如道德品质、身体素质以及其他各方面能力的评价。内容的单一，直接误导了教育活动的开展，比如我国只重视学生学习成绩的评价模式导致了“应试教育”的进一步恶化，造成了学生评价“一好百好”的局面，即只要学习成绩好什么都好。当然，我国实行新一轮基础教育课程改革之后这种状况已有所改观，在学生评价问题上也出现了很多新的评价方法，注意从多方面对学生进行评价，使每个学生都有成功的喜悦，培养学生学习的兴趣。

（四）教育评价过程的形成性

最初的教育评价只重视终结性评价的应用，重视对教育结果的评价，至于教育活动中出现的问题则不能及时得到评价与解决，造成了“教育活动已经发生，评价已没有意义”这样一种状况。因此，终结性评价具有后效性，不利于教育活动在进行过程中的改进提高。20 世纪60年代，斯塔弗尔比姆提出了教育评价的“CIPP”模式。他认为，教育评价应包括背景评价、输入评价、过程评价和成果评价这样四个过程，强调评价应贯穿教育活动的全过程。[①] 这种评价观已初步具备了形成性评价的理念。1976年，斯克里文在其所著的《评价方法论》中首先提出了形成性评价的概念。形成性评价是指通过诊断教育方案或计划、教育过程与活动中存在的问题，为正在进行的教育活动提供反馈信息，以提高实践中正在进行的教育活动质量的评价。[②] 形成性评价所指向的对象，是正在进行的教育活动，其目的是在教育活动过程中发现问题、解决问题，不断提高教育活动的质量。

（五）教育评价实施的主体性

教育评价活动的开展日益强调评价对象的主体地位。在了解评价对象的实际情况的基础上，通过与评价对象的合作和协商，共同寻找教育教学过程存在的问题，并共同提出有针对性的措施，实现评价对象在原有基础上的发展。教育评价实施的主体性具体体现为学校评价的校本性、教师评价的自主性、学生评价的个性化等众多方面。

---

① 沈玉顺．现代教育评价［M］．上海：华东师范大学出版社，2002：41－42

② 陈玉琨．教育评价学［M］．北京：人民教育出版社，1999：12

第二章

发展性教育评价的实施

一、发展性教育评价的过程

（一）教育评价的程序

教育评价是一项专业性和技术性都很强的工作。按科学的过程和方法组织教育评价活动，对保证教育评价的质量，达成预期的评价目的有重要的价值。

教育评价的过程也就是开展教育评价活动的程序。教育评价的方法是指在教育评价过程的各个环节上所采用的操作方式与方法。教育评价的一般过程如图 1 所示。

1. 明确教育评价问题和目的

一般来说，一个具体的评价活动都是为了解决具体的问题而实施的，明确教育评价的问题，加强教育评价活动的针对性和实效性。确定教育评价的目的是任何一个教育评价必须首先解决的问题。也就是在明确评价问题的基础上，确定教育评价预期达到的结果。具体来说，要明确评价为谁服务、评价结果是什么、通过评价解决什么问题，这些问题必须明确。

2. 做好组织准备工作

做好组织准备工作是有效开展教育评价的重要前提。评价对象、内容以及要求不同，评价组织的形式和结构也就不同。一般来说，评价组织工作要成立两个小组，一是评价领导小组，二是评价工作小组。组织两个小组时，要注意人员结构，应力求具有合理的知识结构、能力结构和专业结构，注意教育评价理论研究人员与教育实践人员的合理搭配。在实际的教育评价活动开展过程中，教育实践人员注意评价的实用性，而相关研究人员则更强调评价的科学性。前者虽然便于实行，但往往在科学性方面有所欠缺；后者虽然科学，但实行起来往往有一定困难；所以把两者结合起来，可以更科学、更有效地开展教育评价。成立小组后，还要注意对教育评价参与人员的技术培训和思想教育。技术培训是让任何一个参与教育评价工作的人都能够真正地参与评价，而不至于流于形式。允许参与并不代表能够参与，技术培训是组织准备工作非常重要的一环。思想教育主要是避免参与教育评价的人员带有个人偏见，从而影响到教育评价结果的客观公正。

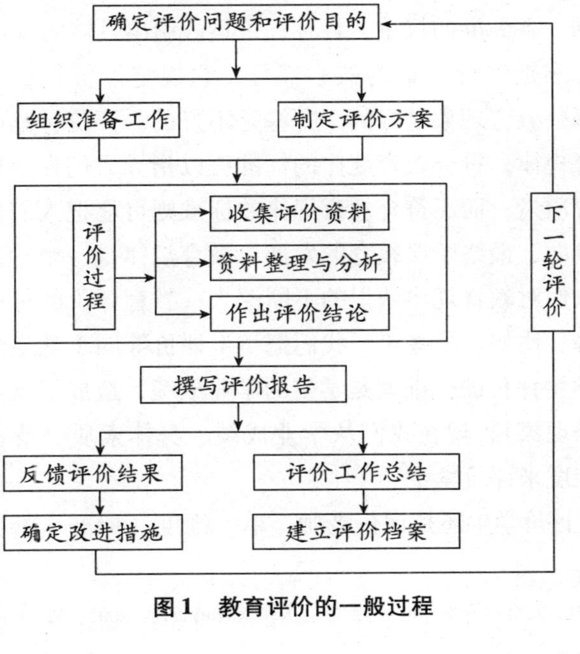

图1　教育评价的一般过程

3. 评价方案的设计

评价方案是评价活动的先行组织者，它是依据一定的评价目的，根据教育活动和评价活动的一般规律，对评价的内容、范围、方法、手段和程序等方面加以规范的基本文件。①

教育评价是一种非常复杂的社会活动，涉及众多的因素，要系统地搜集资料并作出科学的结论必须制定严密的评价方案。首先，要明确评价的目的。目的直接决定行动，目的也决定搜集评价资料的方式、手段、广度和深度。其次，评价方案要科学。评价方案就如同评价活动开展的指导手册，评价人员在开展评价活动的过程中一定要按照其规定的程序和步骤对评价对象进行评价。所以评价方案的科学性是获得客观的评价结果的前提。再次，评价方案应具有可操作性。一个规范的、科学的、近乎完美的评价方案如果不能实施，那充其量只是一个摆设。因此，评价方案绝对不能局限于抽象的、原则性的规定，必须对评价的标准、各标准的权重、各种评价量表给出具体的规定和要求。

评价标准是评价方案的核心部分，它规定评价什么、不评价什么，以及哪些教育现象是好的、哪些是不好的。评价标准的设定一定要根据教育规律，符合教育规律的标准可以指导人们在评价过程中不断改善教育质量；而不符合教育规律的标准则可能把人们的注意力导向错误的方向，最终贻误教育的发展。教育规律是一个动态概念，因此，随着人们对教育规律认识的不断深入，教育评价的标准也在不断丰富和完善。比如，早些年，我们把学生评价等同于学生学业成绩评价（那时学生评价的标准就是学生的学业成绩，造成了学习成绩好什么都好的怪现象）；现在我们从学业成绩、身体素质、情感态度和价值观等多维度来评价学生。

无论是评价学生还是评价老师，单一维度（标准）都会显得过于

① 陈玉琨．教育评价学［M］．北京：人民教育出版社，2001：32

单薄。但评价标准的增多，各评价标准哪个更重要一些，哪个不是那么重要还需要作进一步的区分。这种区分直接会引导评价对象的发展，这就是各评价标准的权重问题。如何按照各评价标准的关系以及其相对重要性，对各种评价标准赋予相应的权重，这是评价方案必须明确的问题。权重的赋予，既要考虑教育评价的目的，也要考虑评价的科学性。比如，当前很多学校都从德、能、勤、绩四个方面来评价教职员工的，在设计权重时，可根据目的来设计——你想引导教职员工到哪个方面，就提高哪个方面的权重。比如，你想通过考评把教职员工引导到注重提高自己的业绩上来，那么你可以用提高与业绩相关的教学、科研等的权重的办法来实现。当然，这样一个过程必然会受到科学性的制约，你不能为了评价目的任意改变权重，而不顾及科学性。所以，为了达成教育评价目的，作些微调是可以的，如果片面强调目的性，而不顾及科学性作大幅度的调整恐怕就不合适了。那么，如何保证权重设计的科学性呢？有这么几种方法，比如“关键特征调查法”“德尔菲法”① 等。这两种方法都是通过调查有经验的人员而获得最终的权重的方法。“关键特征调查法”要求被调查者从备选因素中找出关键因素，然后根据选择的结果设计权重。“德尔菲法”就是通过专家“背靠背”接受咨询，并把每次咨询统计的结果反馈给参与专家，请专家根据统计结果调整自己的判断；这样反复几次，得出结果。这种方法，由于专家彼此不见面，各自的判断不会受对方的影响，从而保证了结果的客观性，是目前教学常用的方法。最后，根据评价标准和权重设计评价表格。

① “德尔菲法”是20世纪40年代由美国兰德公司开发的一种调查技术。它以分发问题表的形式，征求、汇集并统计个人的意见和判断，以便在一些问题上大家取得一致的意见。在整个过程中，专家彼此不见面，以“背靠背”的形式接受咨询。咨询者有组织地控制整个过程。第一轮咨询表收回后，经过组织者的整理、统计后，再将统计整理的结果反馈给参与专家，请其根据统计整理的结果，修改或坚持自己的观点和判断。这样反复几次，最终达成较为一致的判断。

【案例2－1】

李老师能评为优秀吗

某校李老师教学成绩突出，每学期自己班学生的成绩都名列前茅。但在教师评优问题上，该校校长犯了难。因为，在民主评议时，大家对李老师形成了两种截然不同的意见。一部分老师认为："李老师教学成绩优异，当然应该评为优秀。如果教学成绩这么优异的老师评不上优秀，教学成绩一般的老师反而能评上优秀，在以教学为主的学校不利于大家工作积极性的发挥。"但另一部分老师认为："李老师平时沉默寡言，老是自己干自己的，从来不与其他老师交流教学心得，不利于教师之间的团结，更不利用我们学校形成团体力量。如果李老师评为先进，那不是在鼓励这种做法吗？"各自都有自己的道理，并且理由非常充分。校长最后决定集体投票决定，结果赞同李老师评为优秀的42票，不赞同的43票，李老师最终没有被评为优秀。你认为李老师能不能被评为优秀，为什么？

【案例分析】

教师评价经常面临这种两难的选择。之所以会出现这种现象，主要是因为很多学校没有认真对待教师评价工作，在评价教师时主观随意性比较大，没有按照教育评价的基本程序组织实施教师评价工作。其实，教师评价直接关系学校的文化和氛围，对学校工作影响非常大。试想一下，如果一所学校塌实肯干、成绩突出的人评不上优秀，而阿谀奉承、工作马虎的人能评上优秀，这所学校能有积极向上、奋勇争先的氛围吗？上述案例中，学校在开始教师评价工作之前没有认真考虑这次教师评价的目的是什么？具体来说，这次教师评价究竟是为了激励教学成绩优异的老师，还是通过教师评价引导教师形成团结合作的氛围？如果是前者，无疑学校在设计评价指标时，应该增加教学成绩方面的权重，让李老师通过正常的评价程序能够被评为优秀；如果是后者，那就应该加强师徒结对、团队合作等方面指标的权重，从而避免类似的尴尬事件。当然，激励教学业绩突出者还是引导教师形成团队合作的意识，需要根据学校所处的发展阶段和学校校情诊断来确定。

4. 评价过程的掌控

评价过程主要是根据评价方案开展教育评价，主要解决三个问题——收集评价资料、整理分析评价资料，最后给出评价结果。

收集评价资料是评价过程中一项基础性很强的工作。资料的全面、真实、有效是作出科学评价的必备条件。但是，由于人的认识能力的局限性、教育评价活动本身的复杂性以及教育评价的时效性等，要想全面地搜集信息几乎是不可能的。也就说，对任何一个评价活动而言，评价资料只有针对评价目的而言的相对满意，没有绝对满意的情况。相对满意并不是说在搜集资料时就可以降低要求、马虎了事，相反，必须搜集到与评价目的相关的评价对象的充分信息并且要保证信息的真实性。当然，搜集来的信息并不能保证与评价目的相关，因此在整理分析信息时，要注意去伪存真、去粗取精，保证信息的效能。

要保证评价资料搜集得全面、真实和有效，必须有正确的资料搜集方法。搜集资料的方法主要有观察法、调查法、访谈法、测验等。要根据评价的目的和评价对象，灵活采用各种不同的方法组合，并不是每种评价方法都适合特定的评价对象的。比如，要了解学生的学业成绩可以采取标准测验法，但评价老师的业务能力就不能采用这种方法了。最近，经常看到一些报道，说一些高中为了选拔优秀老师，采取用高考试卷测验老师的方式，据说经验丰富的老师们的得分也非常可怜。这充分说明这种方法的不适用性。其次要保证评价资料搜集的全面、真实和有效，必须保证资料搜集与评价活动的对象、目的相适应。若评价学生，则可以按照布鲁姆的《教育目标分类学》① 或新课

① 布鲁姆把教育目标分为两类：认知领域和情感领域。其中认知领域分为六个方面，分别是知识，指对特定要素的回忆或识别；领会，是最低层次的理解；应用，指在某些特定的和具体的情境里使用的抽象概念；分析，指将交流内容分解成各种组成要素或部分，以使有关概念层次清楚，或使概念间的联系表达清楚；综合，指把各种要素和组成部分组合成一个整体；评价，为了特定目的对材料和方法的价值作出判断。情感领域分为五个方面，分别是接受（注意）、反应、价值评价、（价值）组织、由价值或价值复合体形成的性格化。

程改革确定的三个维度①来搜集信息；若评价老师，则应该在重点关注教师课堂教学的基础上，注意教师的素质、职责等综合表现的资料搜集。若评价是为了鉴定，就要重点搜集评价对象目标达成方面的信息；若评价是为了改进，就应着重搜集输入、过程或方法等方面的信息。

资料搜集完成之后，就要整理分析所搜集的资料了。整理资料就是根据客观、真实、有效的标准对资料进行认真的筛选、核实并根据评价标准的要求进行归类处理；分析资料就是根据评价标准对分类的资料进行赋值或描述，进而得出评价对象的各项指标的得分或质的描述，为最终作出评价结论打下基础。

评价结果要根据对评价资料的分析，从总体上对评价对象给出定性或定量的综合意见。在必要的时候，要对评价对象作出优良程度的区分，或对评价对象作出关于其是否达到既定标准的结论。当然，为了促进和服务于评价对象的发展，还要对评价对象的优缺点进行系统全面深入的分析，以帮助评价对象找出存在的问题，分析问题的原因，并提出努力方向和改进建议。

【案例2-2】

师生同考，教师考试成绩作为考核指标②

2008年1月21日，沈阳市数万名义务教育阶段教师参加“期末考试”。在此之前，沈阳市八千多名高中专任教师和学生一起参加了市教研室统一组织的教学质量监测。沈阳市教育局前一阵儿决定，教学质量监测的对象不再只是学生，要扩大到教师层面，并将考试成绩作为对教师评价考核的重要指标之一。

近5万教师“期末考试”

据统计，全市义务教育阶段和高中课改年级（包括高一、高二年

---

① 知识与技能，过程与方法，情感态度与价值观三维目标。

② 王莹. 沈阳近万教师被要求与学生同卷考试引争议［N］. 新京报，2008-01-22

级）的教师共计49 324人将参与此次“期末考试”。其中，高一、高二年级教师测试于14日至16日与学生同步进行。义务教育阶段教师于21日参加单独命题的学科基础知识测试及课改基本理论测试。测试成绩按百分制计算，高中教师成绩低于80分、义务教育阶段教师低于85分者不能获各层次奖励。

师生同考不按成绩排名

沈阳市教育研究室主任任荣辉介绍，“师生同考”并不是评价教师素质的唯一依据，其他竞赛内容还包括教学设计、专项基本功等，所谓“不能获各层次奖励”，仅指不能获本次竞赛的各种奖励。

“‘师生同考’只是对教师进行的摸底性质的考试，不会按考试成绩排名，也不会大范围公开这些成绩。”任荣辉说。

教师体会到学生的紧张

“考试让我更能站在学生的角度想问题，对将来工作有促进。”沈阳市第五中学高二年级数学教师徐毅超表示，切实体会到了学生考试的紧张心情。

沈阳市第九中学高二年级语文教师孙娜娜说，平时备课没有时间限制，而考试要在规定时间里答完包括作文在内的所有题目，挺紧张的。

一些老教师坦言不太适应考试。一位五十多岁的政治老师说，这次政治考试题量大，时间只有一个小时，虽然教学经验丰富，但由于年龄关系，记忆力和写字速度难免下降，希望教育部门能对此予以考虑。

对于“师生同考”，学生在新奇的同时觉得兴奋。“师生一起考试挺好，答卷中老师能知道哪些是学生的失分点，今后可以更好地教我们。”第九中学高二年级学生吴天石说。

有人认为忽略了人文关怀

“师生同考”引起了较大争议。一些观点认为，“师生同考”将把老师和学生更紧密地“捆绑”在一起，共同“追求”应试教育。

一些观点认为，这样的考试是教育行政部门强制教师参加考试，并强制将考试结果与评优挂钩，忽略了对教师的人文关怀。

【案例分析】

“师生同考”，学生感觉新鲜，家长倾向于支持，有些地方的教育行政部门把这种方法当成促进教师成长的“尚方宝剑”。当然，很多地方只是把“师生同考”当成教师体验学生学习生活的途径，其目的不在于“考倒”老师，而在于让老师从学生的角度出发，对考卷难度、命题形式等方面作出客观的理解及评价。但是，有些地方不但要把老师考倒，还要把老师和学生的成绩排队，让老师难堪；而把教师的成绩纳入教师评价指标体系之中，让老师永远脱离不了应试教育的轨道。

其实，教师“师生同考”的成绩优劣并不能代表教师的教育教学水平的高低。但是，很多人仍然坚信：“考试成绩好的老师就一定能够教得好学生；相反，连自己所教学科都考不好的老师，就一定不是好老师。”于是，“师生同考”演变成了教师之间的成绩竞争，使教师时刻面临考试的压力，哪还有心思和时间更好地研究教育教学。这种状态，既缺少对教师的人文关怀，更缺乏对教师的尊重。教与学是两种完全不同的活动，教师的“教”更是一种专业性活动，考得好不一定能教好，教得好也不一定能考好。教师评价还是要回到教师专业发展的轨道上，从专业知识与能力、敬业精神与责任意识、团队合作等方面多想想办法。通过简单地让老师做试卷的方式评价教师，有点过于天真了。

5. 撰写评价报告

评价报告是评价者对评价过程、结论进行全面叙述和提出相关建议以及对评价工作本身进行总结提升的书面报告。撰写评价报告既是对评价过程的总结，也是对评价活动本身的反思，更是一种资料的积累。评价报告要对评价活动的组织实施、评价过程、评价结论以及改进建议等进行系统的阐述，对评价活动所拟订的工作计划、搜集的评价资料以及制定的评价表格进行归纳整理。

（1）评价情况总结。

评价情况总结主要用于向评价委托人报告评价情况。评价委托人也就是评价活动的服务对象。领导希望找到决策依据，评价委托人（个人或组织）自身想找到发展的不足和改进的策略等都可能是评价活动产生的原因。但在撰写评价情况总结时，一定秉持一个基本的理念，那就是为了评价对象更好的发展，我们要客观、公正地给出评价结论，正确描述和使用评价结果，为评价对象的未来发展提供指导。

（2）评价工作本身总结。

对评价工作本身的评价我们称之为“再评价”，又称为“元评价”，是在一次评价活动之后，为了检查评价过程和评价结果的合理性而对评价工作本身进行的评价。[①]“再评价”对于检验评价工作的质量，纠正评价过程中出现的偏差以及总结经验，为后续评价活动提供指导有重大的意义。“再评价”也是教育评价活动不断走向科学、有效的有力保证。

6. 依照评价结论采取措施

评价结论出来后，不能束之高阁，如果那样评价则失去了其应有的意义。必须通过通报评价结果或者与评价对象交流等多种措施，促使评价结论应用于具体的教育实践，使教育评价发挥作用。将评价结果应用于教育实践，在改进原有问题的同时，可能会带来一些新的问题，产生新的矛盾和冲突，这就意味着新一轮的教育评价要开展。教育评价就是一种循环往复的活动，推动教育实践不断改进、发展。在这个过程中，教育评价活动本身也不断完善。

（二）评价结果的使用

教育评价的目的直接决定了教育评价结果的使用。怎么去使用教育评价结果，往往是区分奖惩性教育评价与发展性教育评价的重要依

① 沈玉顺．现代教育评价学［M］．上海：华东师范大学出版社，2002：35

据。简单来说，把教育评价的结果作为奖惩的依据，这个评价就是奖惩性评价；把教育评价的结果作为诊断分析存在问题的基础，并就评价对象的未来发展提供建议，这种评价就是发展性评价。

怎么去使用评价结果根源于你想通过教育评价做什么。这个与教育评价过程的开展没有必然的联系，教育评价活动的开展是一种技术性的手段，在特定的发展阶段，为了保证评价的客观公正，就必须强调技术理性。教育评价活动的开展强调的是真实而不是道德。比如，长期以来，我们一提泰勒模式就给扣上了“奖惩”的帽子。但是，我们必须认识到泰勒模式也是一种重要的教育评价方法。尽管这种终结性的教育评价方法对正在进行的教育活动不能及时矫正，但对教育活动的引导作用以及对下一个教育活动的指导意义却不容忽视。你把结果用来总结上一个教育活动的成绩与问题，并作为奖惩的依据，这种评价就是以奖惩为目的；你把结果用来诊断上一个教育活动存在的问题并作为下一个教育活动开展的借鉴，这种评价就是以发展为目的的。教育评价既需要关注过去，也需要关注未来。只纠缠于过去，使得人们畏首畏尾，不敢大胆创新，不利于教育的发展；只关注未来，教育的发展就失去了根基。可见，教育评价结果的利用是我们必须考虑的一个重要问题。

教育评价结果的利用，是区分教育评价目的的关键，教育评价的过程和方法与教育评价理念之间没有必然的联系。任何一种评价方法都有其存在的价值。不要一提奖惩性评价就嗤之以鼻，一提发展性评价就欣喜若狂。奖惩性评价与发展性评价区分的依据，是评价结果的利用，而不是教育评价方法的问题，也不是教育评价理念的问题。所以，任何一个评价活动结束后，都要谨慎地使用教育评价的结果。

二、发展性学校教育评价的模式

（一）增值评价模式

发展性评价的根本目标，是推动学校在原有基础上加快发展，赋予学校自主发展的主体地位，并最终实现教育增值。“增值”是发展性学校评价的目标和追求。

简单来说，传统学校教育评价注重横向比较，增值评价模式注重评价对象在原有基础上的发展进步情况，关注学校、教师、学生在原有基础上有没有进步。

【阅读材料】

评价学校，看进步幅度

长期以来，将考试成绩作为评价学校的手段备受争议。应试教育，片面追求分数，学校生源、资源方面的客观差距导致的不公平等问题难以得到有效解决。近日，正在与中央教育科学研究所合作进行“改进中国教育评价和质量”项目的英国布里斯托大学教授萨丽·托马斯为我们提供了另一种评价学校的可能——比较学生成绩进步的幅度，而不是最终获得的分数。

这种被称为“教育增值评价”的学校评价方式，兴起于20世纪90年代的英美等国，萨丽从1992年开始在英国兰开夏郡实验增值性教育评价项目，至今已有十余年时间。

据萨丽介绍，在英国，教育增值评价产生的背景是教育的市场化改革和问责制的加强。从1992年起，当时的英国教育与技能部每年公布一次各学校的考试成绩排名。过去15年中，英国建立了全国性的教育督导、国家课程和全国统一考试制度。正是在这样的背景下，学校效能和进步受到了更多的重视，但与此同时，以统一考试成绩作为学校排名依据的公平性受到了质疑；争论最多的是，“取得好成绩到底是因为学校工作出色，还是学生本身素质高”。

为解决这一问题，英国开始在一些地区试点教育增值评价方法。简单来说，增值评价包括两部分内容。一是学生的起点水平，通常是指学生进入学校时的学业水平；二是学生经过一个阶段学习后所具有的水平，通常以阶段性的统一考试数据为分析对象。通过比较学生在不同时期的学业成绩，便可得出该学校总体进步的幅度。增值评价也有学校之间的比较，但比较的内容是不同学校进步的幅度，而不是一次考试分数。

萨丽说，英国的兰开夏郡从1992年开始实施学校增值评价项目，有130所中学和14万名学生参加了该项目。项目旨在通过学生成绩、态度及教师和家长态度的反馈，创新学校评价和自我评价体制。评价的过程不是为了外部责任，而是作为一种建立内部责任感和改善学校教学质量的工具。增值评价使一些基础薄弱、条件艰苦的学校付出的努力得以显现。正如一位采用增值评价的校长所说，这种方法让学校找到了自信。

然而，仅仅让校长和教师看到自己的进步还不够，只有受到有权评价学校的上级教育部门的认可，这种评价方式才更为有效。因此，英国从2004年起，将教育增值评价纳入了英国学校督导制度。

萨丽说，实施该项目的经验是：需要建立完善的监测制度，全程跟踪学生，制订干预计划；向全体学生提出明确的高期望值；要客观地看到，评价数据只是提高教学质量的一种辅助手段，只有同其他信息（如学生、教师和家长的各种看法等）联系起来才会有用；要看到随着时间推移的发展趋势，以考察学校长期质量改进；在校内分享好经验；等。

萨丽也强调，增值测量方法也存在一定的局限性，比如数据的准确性和测量的误差。学校进步的增值测量，并不是用来判断学校效能的唯一标准，学校进步的其他定性测量也很重要。

（二）捆绑评价模式

“捆绑式”评价是指以团队为评价对象，把团队中个体的成绩与不足，纳入到团队的考评项目中，最终以团队的考评结果来反映个体考评成绩的评价方法。①在区域教育均衡发展过程中，为推动学校整

① 应明炉．“捆绑式”评价——推进“板块教育”的一剂良药［J］．上海教育科研，2010（6）：76－77

体进步，学校评价经常采取学校与学校捆绑的方式，以促使优质学校切实帮扶薄弱学校。同理，在学校内部，为鼓励教师之间的合作，教师结对帮扶后，一般也采取“捆绑评价”的方式，把“师傅带徒弟”落到实处。有些学校在推行小组合作学习以及优等生带后进生制度时，也经常采用学生“捆绑评价”模式，以引导同学之间团结互助，共同进步。

在最近几年不断涌现的课堂教学模式改革中，引导学生合作学习已经成为了重要的策略之一。相应地，对于学生评价也在引导学生合作学习、共同发展方面做出了很多尝试。珠海某中学推行“小组合作学习”评价，每个班分成6个组，每组5~6个学生，按横排安排座位，成绩最好的作为组长坐中间。学习、活动、值日都实行小组捆绑，并通过量化测评评选优秀小组，每学期搞一次奖励大会。在这所中学，优秀小组是学生评价中最重要的奖项，颁奖典礼也非常隆重。这种策略引导学生积极展开合作学习，实现了共同发展。

【案例2-3】

一学校试点小组捆绑评价

2009年9月14日，记者从2009年普陀区校长论坛暨学校教学质量改进计划交流会上获悉，宜川中学打算在新学期试点“小组捆绑式”评价机制，令人眼前一亮。它变个人评价为团队小组评价，把学生个人利益与集体利益捆绑。

宜川中学副校长李英介绍说，试点班级学生以小组为单位，每组5~7人，将其捆绑在一起，无论是班级教育活动还是教学活动及班级、学校的个人奖励均转化成合作小组的奖励。“我们打算在本学期，从高一挑选两个班级先期试点。”李校长告诉记者，首先挑选组织能力强、学习成绩优秀的学生担任组长职务，在班主任的协调下，由组长“招兵买马”征招本组成员，并达成双向选择。“每组可以包括成绩好中差等不同层次的学生，力争让各组实力均衡，这样才能激发小组间的竞争力。”

对于这一新兴的评价方式，专家组评审、特级校长王志刚点评说，“小组捆绑式”评价对于增强学生之间的协作精神，激发集体荣誉感、责任感有积极作用。

（三）个性评价模式

个性评价模式就是尊重学校、教师、学生发展的主体性，不能一味强调统一性，忽略差异性，用统一的评价标准泯灭学校、教师、学生发展的个性。具体来说，学校评价要突破教育行政部门（或政府教育督导室）控制下的总结性综合评价模式，以校为本，注重办学特色，不能仅满足于迎合政府部门的检查，而是要充分发挥学校在评价中的参与意识和主体作用，变“要我评”为“我要评”，构建主体参与式的学校评价模式，发展学校个性，避免“千校一面”。教师评价，要促进教师的自主发展，使每个教师都有自我诊断、自主更新的意识与能力，最终实现个性化成长。学生评价，要注重学生优势智能的发挥，根据学生先天具有的素质或潜能顺势而为，针对每个学生的个性特点，开展适合其发展的评价，帮助他们把自身的素质或潜能充分开发出来；学生评价要给予学生一个以展示为核心的、有着丰富的表现机会与多样性的生活空间，让每个学生的个性都有发展和表现的机会，让每个学生都能成为自己，活出属于自己的精彩。

【案例2－4】

香港杰出学校奖励计划获颁“优异奖”的学校：范畴与案例①

1. 范畴一：管理及组织

罗定邦中学：评判团特别欣赏学校妥善处变的能力，包括因应转变的环境更新学校的理念和使命。学校得到校董会的信任和全力支持，在校长的领导及教师的通力合作下，重新确认办学原则，建构发

① 选自香港优质教育基金网站［EB/OL］.（2010－10－12）Http：//qef. org. Hk/gb/outstand/content4. htm

展方向和策略，并因应主要关注事项，拟定三年发展计划，并从实践中取得了成果。学校有明确的机制和制度，支援教师的专业发展，所采用的“3A”（确立目标、检讨现况、付诸行动）管理模式，让学校根据预定的目标，有系统地评估表现及作出改善，从经验中学习及反省。

2. 范畴二：教学及学习

匡智翠林晨冈学校：评判团特别欣赏匡智翠林晨冈学校的办学理念，即培养学生的基本技能及独立生活能力，以应付日后的工作需要。课程目标清晰，与学校的宗旨一致，而且能照顾个别学生的能力差异。课堂教学能有效培养学生积极学习的态度。不同科目之间的协作，有助课程的推行。学生可选择参与各项活动，以发展他们的兴趣及潜能。学校有完善的学生表现评估机制，以监察学生的进度，并向学生和家长提供回馈，而家长亦积极参与学生的学习活动。

3. 范畴三：校风及培育

金文泰中学：评判团特别欣赏金文泰中学教师的团体精神，共同实现学校的使命和教学理念，并以互助合作的精神，为全校学生推行校本辅导活动。教师和学生对学校均有强烈的归属感。家长、教师和学校管理层都全力支持家校活动，加上家长的积极支持和参与，学校已建立良好的家校合作关系，促进学生的全面发展。此外，学校亦得到校友鼎力支持。课外活动、跨课程活动及周年大型活动提供充足机会，让学生发展社交技巧、领导才能和加强公民意识。家庭教育和环境教育活动，亦令学生得益。整体而言，教师和学生之间建立了温情洋溢、互相支持和爱护的关系。

4. 范畴四：学生表现

仁济医院第二中学：评判团特别欣赏学校能为学生提供多元化活动，促进学生的均衡发展，并能对学生的五育发展设定恰当的期望。学校特别看重组织有关德育、公民教育和环境教育的课外活

目的是增强学生的体魄、教导他们团队合作的重要性、灌输责

任感，以及培养他们服务社会的精神。结果显示，学生在纪律、自尊心和对学校的归属感方面均有明显进步。教师的积极投入及团队精神，亦给予学生一定的鼓励和支持。学生在社区服务、音乐、舞蹈，尤其是长跑和排球等多个领域，获奖无数；而他们的学业成绩，亦令人鼓舞。

【案例分析】

通过评价范畴的多元化，引导学校个性化的发展。倡导“你有你的优势，我有我的长处”的评价文化，避免所有学校都在同一标准下恶性竞争，让每所学校发展出自己的个性和文化，满足多样化的教育需求，这应该是发展性学校教育评价的基本追求。

第三章

发展性学生评价

长期以来，在开展学生评价工作时，我们忽视了师生交往过程中教师的言行举止对学生成长的重大影响。其实，老师一句不经意的鼓励性的话语、一个关心学生的动作、一个真诚的微笑、对学生作业的批改、对学生课堂表现的评价、对学生行为举止的评判等，都属于学生评价的内容，都会影响学生的行为，起到一定的导向作用。因此，在研究和分析学生评价时，我们要突破传统的学生评价界限，从师生交往的角度来重新认识学生评价，把对学生产生导向作用的教师行为都纳入学生评价的范畴，形成一种“大学生评价观”。

一、现行学生评价反思

（一）重视知识掌握，忽视能力培育

英国哲学家怀特海在《教育的目的》一书中深刻地指出：“理想的消失是人类努力失败的可悲证明。在古代学校里，哲学家们渴望传授的是智慧，而在现代学校，我们降低了目标，教授的是学科。从神圣的智慧沦落到学校的教材知识，标志着多少世纪以来教育上的一种失败。”而现在的学生的评价正在扼杀学生的智慧，把学生培养成知识的容器。南京师范大学杨启亮先生称这种现象为“仓储式”教育模式——教师是知识的大仓库，学生是一个个知识的小仓库，课堂教学

就是把知识这种货物从教师的大仓库搬运到学生的知识小仓库的过程。到了考试的时候，试卷就是提货单，学生拿着提货单在知识的仓库中寻找对应的货物。有贮备的就会做，没有储备的就不会做。这种形象的比喻，深刻揭示了当前教育存在的问题，那就是一切以知识掌握为本，其他能力的发展都没有受到应有的重视。

【案例3－1】

打造圆周率“神童”有何用？[1]

近日，在深圳市宝安区公证人员的监督下，一位名叫龙思韵的5岁女童在20分钟之内，准确无误地背诵出了圆周率小数点后的3020位数字，创下了国内“学龄前幼儿背诵圆周率之最”。公证处有关人士表示，他们将尽快为小思韵出具现场记录证明，家长可凭此证明申报吉尼斯世界纪录。而据小思韵的父母透露，他们训练小思韵背诵圆周率，一共花了3个月的时间。(2007年1月17日《深圳商报》)

年仅5岁就能背诵出圆周率三千多位，笔者十分佩服小女孩的惊人记忆力，称为“神童”也不算太过分。然而笔者在钦佩之余不禁要问一句：“打造出这样的圆周率“神童”，到底有什么实际意义？”

众所周知，圆周率是一个无限不循环小数，本身并没有多少深入研究的价值。通常只要能精确到小数点后几位，就可以应付一般的计算需要了。如果一定要了解小数点后的更多位数，查阅相关数据资料即可，根本没有熟记几千位数字的必要。因此可以说，家长花上3个月时间，让孩子背诵三千多位的圆周率，实属无益之举。

如今的父母大多重视对孩子的早期教育。但是，对于一位成长发育中的幼童来说，应当让其各方面的智力都得到均衡的发展，而不能只培养其机械记忆方面的能力。圆周率是永远背不完的，能背出比小思韵更多位数的成年人大有人在。如果小思韵的家长让自己的孩子在

① 李清．打造圆周率“神童”有何用？［N］．中国青年报，2007－5－8

这方面不断追求“超群”，永远也不会有一个尽头。

更重要的是，小思韵作为一个年仅5岁的孩子，笔者相信记忆三千位圆周率绝不是她自己的选择。当年幼的小思韵在家长的“精心辅导”之下，用3个月时间来记枯燥乏味的圆周率数字，她在取得登台表演成功的同时，失去了多少本应有的快乐时光！家长为了将孩子打造成舞台上的圆周率记忆表演“神童”，用背离教育规律的方式来对她进行训练，最后或许能从孩子的成功中获得一定的成就感，可是，对于被他们当成道具的孩子来说，未免太过残忍了。

在当今中国，类似小思韵这样的人造“神童”实在太多了。笔者衷心盼望普天下的父母们能给自己孩子多一些宽松和自由，少把他们当成自己教育实验的“小白鼠”。

【案例3－2】

中美顶尖高中生对比令人震撼①

据《看世界》报道：前不久，中央电视台《对话》节目邀请中美两国即将进入大学的高中生参与。其中，美国的12名高中生都是今年美国总统奖的获得者，国内的高中生也是被北京大学、清华大学、香港大学等著名大学录取的优秀学生。

整个节目中的两个环节因为中美学生表现的强烈对比，令人震撼。

他们几乎一致地选择了真理和智慧而我们选择了财富和权力

在价值取向的考察中，主持人分别给出了智慧、权力、真理、金钱和美的选项，美国学生几乎惊人一致地选择了真理和智慧。他们有的这样解释，如果我拥有智慧，我掌握了真理，相应我就会拥有财富和其他东西。而中国高中生除了有一个选择了“美”外，没有一个选择真理和智慧，有的选择了财富，有的选择了权力。

---

① 中美顶尖高中生对比令人震撼［N］．羊城晚报，2006－2－17

中国学生直奔权力和财富这样的结果，忽视了如何实现的过程，不去思索实现这些目标的途径。我们文化中的官本位在他们的观念里已根深蒂固，社会上对于金钱的过分热衷追逐深深地影响着他们。我们的孩子的选择，清楚地映照出了我们的文化传统和社会环境的一些劣根性。

我们吟诗弄赋，他们脚踏实地

接下来的环节是制定对非洲贫困儿童的援助计划。首先由中国学生阐述。我们的孩子从中国悠久的历史入手，从歌颂丝绸之路、郑和下西洋，到吟咏茶马古道，然后有人弹古筝，有人弹钢琴，有人吹箫，三个女生大合唱，一人一句，一会儿又是一个人深情地背诵，然后是大合唱。最后对非洲的援助计划轻描淡写地一笔带过。只说组织去非洲旅游，组织募捐，还去非洲建希望小学。整个感觉是一个大扫帚，后面拖个小尾巴。

有一个留美的华裔作家发问："你们募捐，要我掏钱出来，首先你的整个援助计划得打动我，我还要知道我的钱都花在什么地方，我捐出去的每分钱是不是都真正发挥作用了。"我们的学生对于这样的问题面面相觑，谁也回答不出来。

美国高中生的方案，则是从非洲目前的实际情况出发，从也许我们都想不到的非洲社会生活的方方面面，包括食物、教育、饮用水、艾滋病、避孕等一些看起来很细小的实际问题入手（每一项，做什么，准备怎么做，甚至具体到每项的预算，而那些预算竟然准确到几元几分）。每个人分工明确，又融成一个整体，整个计划拿来就可以进入实施阶段。

与美国学生的成熟、干练、稳重不同，从节目表现的东西来看，中国学生完全与社会实际脱钩，眼光局限，而且欠缺整体意识，除了才艺展现，就是书本上的知识。

经过这两个环节，使人不由得感慨：当中国学生该展现出理想和精神的崇高的时候，他们要追逐金钱和权力；当中国学生该立足实际，脚踏实地解决问题的时候，他们又吟诗弄赋，在实际问题的外围不着边际地轻轻飘浮。我们到哪里寻找既坚持理想，又能做事的公民？（青青）

（二）过分强调甄别与选拔的功能

受功利主义、实用主义价值观影响，我国学生评价历来注重工具价值的发挥，过分强调甄别与选拔功能，忽视学生自主个性成长。第一，“致力”于把学生分成三六九等。在现行学生评价下，孩子从小就被放入到一个充满了横向比较的竞争环境中，过早的失去了童真和乐趣，在“残酷”的竞争中，要么成为了自负的胜利者，要么成为了颓废的失败者。第二，将测验作为唯一的评价手段，把分数作为学生评价的唯一标准。分数成为学校、教师、学生、家长共同的命根，考试似乎成为了学生学习生活的全部。学校生活失去了应有的活力与魅力，学生的学习成为了压抑个性和天分的“苦差事”。这充分说明，对考试和分数的执迷，不但不能转化为学生学习的动力和兴趣，还是以牺牲学生们的快乐童年为代价的。第三，把学生评价作为管理手段。学生评价成为教育行政部门管理学校、学校管理教师、教师管理学生的主要工具，关注不到学生成长的需要。

人的成长是具有多种可能性的。加德纳的多元智能理论提出，人的智能没有等级差异，只有结构性差异。也就是说，每个人都有不同的智能结构组合，进而有不同的发展优势。但是，在强调甄别与选拔的学生评价理念下，学生评价内容以数学逻辑智能和语言文字智能为本，很少关注到其他智能。在这种评价机制下，很多孩子的天赋和个性都被埋没了。因此，学生评价应适当淡化甄别与选拔的功能，强化为学生的个性化成长服务。

【阅读材料】

动物学校

很久以前，为了适应日益变化的需要，动物们决定创办一所学校，传授一个由跑、跳、爬、游泳和飞行等科目组成的活动课程。为了便于管理，动物们需要学习所有的科目。第一批学员是鸭子、兔子、松鼠、鹰以及泥鳅。

鸭子在游泳这门课上表现相当突出，甚至比他的老师还要好。可是，对于飞行这科目，他只能勉强及格，对跑这科目，他感到非常吃力。由于跑得慢，每天放学后，他不得不留在学校里，放弃心爱的游泳项目，腾出时间练习跑步。

他不停地练呀练，脚掌都磨破了，到期末考试时，终于获得了勉强及格的成绩。而他的游泳科目，由于长时间得不到练习，期末时也只取得了中等成绩。

学校对中等成绩还是能够接受的，所以除鸭子自己以外，没有其他动物在乎这一点。

兔子在刚开学时是班里跑得最快的，由于在游泳科目上有太多的作业要做，他不得不整天泡在水里，结果，都快泡得精神崩溃了。

松鼠的成绩一向是班里最出色的，但对飞行科目感到非常沮丧，老师只许他从地面上起飞，不允许从树顶上起飞。由于他喜欢跳跃，花了很多时间，致力于发明一种跳跃的游戏。结果，期末考试时，爬行科目只得了一个及格，跑得了一个不及格。

鹰由于活泼爱动，一开始就受到老师们的严格管制。在爬行课上的一次测验中，他战胜了所有的同学，第一个到达顶端，不过，他用的不是老师所教的那种方式，因此他没有得到老师的表扬。

学期结束时公布成绩，普普通通的泥鳅同学，由于游泳还马马虎虎，跑、跳、爬成绩一般，还能勉强飞一点，因此，他的总成绩在班里最高。毕业典礼那天，作为全校学员的唯一代表，他在大会上发了言。

生活在草原上的鼠类动物，他们比较精明。为了子女的将来着想，他们没让孩子前来就读，而是把他们送到一个商贩那里，并联合其他鼠类创办了一所私立学校，虽然收费很高，但老鼠们大都从粮库里把学费捞了回来。据说，这所学校办得相当成功……《讽刺与幽默》(2006 年 2 月 10 日第十二版)。

(三) 重外在激励而不是内在激励

自古我们就崇尚“书中自有黄金屋，书中自有颜如玉”，意思是读书考取功名是人生的一条绝佳出路，考取功名后，才能得到财富和美女。时代发展到今天，这种理念仍然深入人心。从小读书，父母就会教导自己的孩子：好好读书，将来考上大学，就能找到好工作……很多老师更是把金钱和美女作为激励学生读书的“诱饵”，天天挂在嘴边。2001 年湖南株洲一语文老师抛出“读书是为了挣大钱、娶美女”的高论，引发了热议。最终，这位老师在舆论谴责声中，被当地教育行政部门解聘。也就是说，虽然骨子里大家都有这种想法，但是光明正大地说出来还是不行的。前些年，城市、农村发展差异巨大，农村孩子都希望通过升学实现“鲤鱼跃龙门”，改变自己的命运，很多学校的标语墙也很直白地表达了外在的读书目标。“今天穿草鞋、明天穿皮鞋”、“不要忘了你还是农村户口”等荒唐标语也曾经长时间占据了农村学校的标语墙。

当学生不能感受学习过程本身的乐趣，享受不到读书学习的惬意时，外在的激励因素再丰厚也不能维持孩子长久的学习热情，更不能激发孩子的探究志趣。因此，学生评价要引导学生对学习过程本身感兴趣，只有这样，我们的教育才真正有希望。

【案例 3 -3】

“读书是为了挣大钱娶美女”

风波过后，“怪论”老师重执教鞭

2001 年，株洲市二中 48 岁的语文老师尹健庭因“读书是为了挣大钱娶美女”的言论被解聘。在全国各地“流浪”三年多后，2004 年 10 月，他返回株洲一所民办学校重执教鞭。日前，这位因“怪论”闻名全国的教师再次表示愿与媒体见面，并仍然坚持自己的观点，认为自己当时说的话没有错。

因个人“怪论”成新闻人物

今年53岁的尹健庭是湖南安化人。1977年参加文革后第一届高考考取了湖南师范学院（现湖南师范大学）中文系，在其同学中不乏当今文坛中有名的人物。1982年，尹健庭毕业回到安化二中任教。1993年调至株洲市二中。期间，他先后被评为全国优秀语文教师、株洲市首批语文学科带头人。2001年4月，一媒体率先以《某重点中学一语文老师这样讲入学教育课——读书是为了挣大钱娶美女》为题报道了尹健庭的“怪论”，一时间，尹健庭成为当地乃至全国都赫赫有名的新闻人物。

2001年8月31日，株洲市教育局作出了“株洲市（含五县市区）内的所有学校不聘尹健庭当教师”的决定。为此，尹健庭将教育局告上法庭。2002年8月8日，株洲市中级人民法院作出一审判决，撤销株洲市教育局的处理意见。尽管如此，尹健庭还是无法在株洲找到一份工作。

全国各地“流浪”三年

自2001年8月失去工作后，尹健庭开始了自己的求职历程。在此期间，尹健庭相继辗转北京、青岛、杭州、金华、宁波、深圳等地求职，但由于诸多原因，没有一份工作干长久。2004年6月，尹健庭到昆明一家企业做了一段时间的策划宣传后又回到株洲。

仍坚持自己的观点

2004年8月，尹健庭受聘于潇湘双语实验学校任教至今，这是一所由“台湾博爱文教基金会”投资数千万元在株洲市建立的民办学校。记者到该校采访时，尹健庭谈起往事仍深有感触。对当年风波的引发，尹健庭说，对于当初引起争议的“读书是为了挣大钱娶美女”的言论，他觉得自己在表达方式上过于露骨，但这不是他的本意。当时，他只是想将一些更为实际的道理告诉学生，以激发学生发奋读书。他认为，在当今的社会背景下，跟学生去讲一些大道理起不到什么作用，只有讲到学生切身的实际的利益的事情，学生才会有感受。他说，为自己读书和为国家作贡献并不矛盾，只有成绩好才能找到好工作，有了好的平台，才能给国家作出更大的贡献。所以，他始终坚持自己的观点，他认为他所说的只是实话实说而已，他说的话并没有错。对于自己的遭遇，他已能坦然接受。（来源：《潇湘晨报》）

【案例分析】

这个话题就像“皇帝的新装”，大家都看到了，心里也明白，可就是不能说。

（四）个性化评价的缺失

2006 年，笔者到一所有近百年历史的重点高中档案室查阅资料的时候，无意中发现了部分建国之前的学生评价手册。在翻阅这些评价手册的时候，我对早期教师对待学生评价的认真态度油然起敬。在这些评价手册中，老师针对每个学生的特点，分析了他们的优势和弱点，提出了以后发展的建议。既不吝啬赞誉之词，也不回避学生存在的问题及缺点。毫不夸张地说，这些评价手册可以对孩子的成长起很好的促进作用。而反观现在，无论是批改作业，还是学生综合素质档案，我们已经很少能够看到富有个性的评价语言了。孩子们在千篇一率的“阅”中丧失了写作业、读书的兴趣；而翻阅孩子的综合素质评价语言，更多的是“热爱劳动、团结同学……”等无关痛痒的简单描述。

当然，也有一些老师在努力打破这种现象，为学生评价带来了新的气息。2005 年，网上以“可爱的老师，可爱的孩子，可爱的作业。(你感动了吗)”为题的帖子引起强烈反响，让大家认识到作业批改也可以如此个性化，也可以如此可爱。

【案例3-4】

“可爱的作业”①

十多年前，一个偶然的机会，在批改学生作业时得知第二天是他生日，便在得分后面工整地写了一句：“祝你生日快乐!”作为与他们整日纠缠的班主任来说，这本来很平常，我是真诚的，但也可以看成是一句客套话。但是，第二次批改作业时，那句话下面，已经写上了大大的“谢谢您!”这三个字，比起他以前的作业书写来要漂亮多了，而且，这次的作业也一改懒散的形态，字虽然还是大大小小，但已经走起直线来了。我心里一动，以前对他的顶针和叫喊，竟不如这一句“悄悄话”。后来，我在别的同学的本子里也尝试着写下或长或短的话。虽是小小的举动，带来的收获却是丰富的：我有了更多的机会“接近”学生，有了更多的“渠道”了解学生，有了更多的“方式”劝勉学生……虽然作业批改起来会多花一些时间，但是能够和学生交心，少了很多冲突，少了很多抵触，学生的作业也越来越整齐，上课也越来越积极，真是一举多得呀。

后来，在我所教的每届学生的本子上，也都留下了我和他们开心的话语。我们师徒知识上教学相长，学识上不耻下问，感情上互敬互谅，看着学生在一天天地成长，也觉得自己在一天天地成长。

有一天，我把这些曾经一直默默而为的做法介绍给周围的同事，把我和学生之间的开心事和同办公室的老师分享。接着，又把这些做法整理提炼写成了论文，并把同学们的作业拍下来，挂在我们的校园网上。

说实话，这样的师生互动式做法不能算是我的发明。每一个老师都做过，前辈们和周围的同事或多或少都有过类似的尝试，都有过或多或少的真切感受。只能说，我只是一直坚持做了下来，我把它化为了平常的、日日要做的事，成为我生活的一部分了。

---

① 刘春生．作业的革命［M］．世界图书出版公司，2007

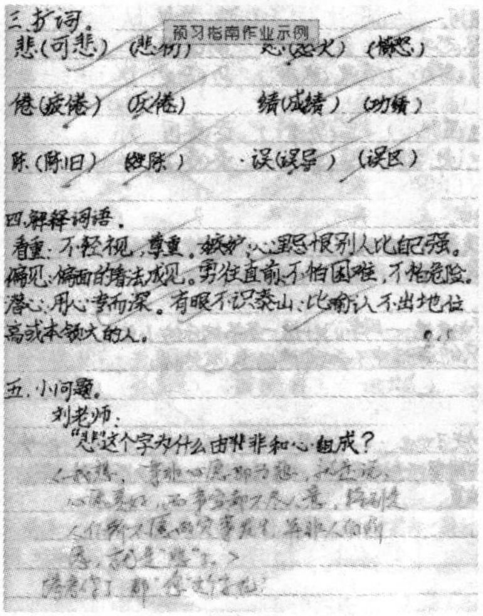

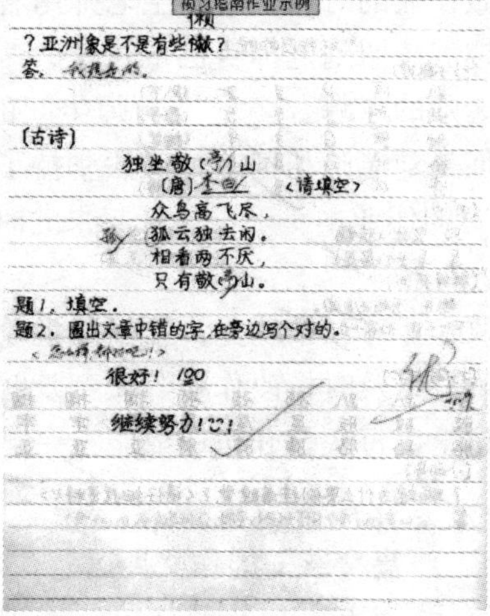

平心而论，真正推动这个做法的还是孩子们自己。几年过去了，我还是这样做着。但是，我越来越发现自己开始变了，变得离“教师”越来越远，越来越不敢高高地凌驾于学生之上了。我敬畏于孩子们的天真与信赖，那无邪的眼神、那稚嫩的笔迹让我不敢有怠慢。我

想，老师其实和所有的人一样，并没有什么特异功能。老师最大的能耐，不是让谁变得聪明，而是要让学生感受到身边的这个大朋友是积极向上、有情有义又满怀智慧的人，是一个和他们的亲人一样可亲可敬的人，是教会他们热爱学习、热爱观察、热爱思考、热爱生活的人。

和所有人一样，我每天也是在为工作而忙碌着。当小学老师，进了校园就开始忙，从早到晚都是忙，晚上回家后还是忙，这其中的压力和苦衷，看来只有自己扛了。我想，与其唉声叹气、怨天尤人，倒不如乐观面对，用自己最为平凡的一点才智，点亮孩子热爱学习的心灯，和他们一起灿烂地走过六年的生命之旅……

【案例分析】

作业批改是老师对学生进行评价的常用方式。当很多老师厌倦批改作业，学生讨厌做作业的时候，刘春生老师用看似简单的方法激起了孩子做作业的兴趣。按照刘老师自己的说法，“只是多了一些点缀的图画，多了一句老师的点评，多了一句师生间的交流”。这些很多老师也尝试做过，但是刘老师却把这种做法坚持了下来，最终成就了“传奇”。当原本寂寞的作业本一下子活跃起来的时候，个性化评价的成果就已经确立了。

所以，老师批改作业有三个境界。第一是批改作业，做到布置了作业一定要批改；第二是及时批改作业，做到及时反馈；第三是个性化批改作业，做到让学生每次打开作业都能有一定的“惊喜”。

【案例 3 –5】

高度统一的作文评语

一天，某学校正举行开放日教学活动，邀请家长们前来听课。403 班下午第三节是习作指导课。还未开始上课，家长们已经静静地坐在那儿了。几个语文组长正忙着发语文老师花了一周时间才批改完的习作本。

本子发下去后，家长们发现，有的孩子看也不看就把它放在了课桌上；有的孩子打开本子只看了一下分数便想出去了；只有少数几个孩子拿起笔在订正错别字，然后阅读老师写的习作评语。

一位家长见自己的孩子要出去，生气地拉住了他："本子发了看都不看？拿来。给我！"那位家长打开作文一看，说："怎么搞的？才84分？你是怎么写作文的？你瞧'文章中心突出，条理清晰，详略得当，但选材不够新颖，语言平淡'，作文这么差还不虚心！"

孩子嘟囔着："有什么好看的，反正每次都这么写。总说什么'条理清晰，详略得当，但不够有新意'之类，看都看不懂，有什么好看的！"

"你还有理了！"家长一边拉大嗓门严厉地斥责孩子，一边不由地翻看习作本的前几页。果然发现诸如"文章条理清晰，事情的前因后果交代清楚，详略也得当，但缺乏创意，不够生动"的习作评语比比皆是。

"不用看了，我都会背了。不光我，别人也一样。"孩子似乎更来劲了。

这时周围的家长纷纷拿来自己孩子的习作本，不看不要紧，一看问题还真不小，写来写去就是这么几个语句。

课后，一位做教授的家长干脆收齐了班上所有的习作本，对该班学生的习作评语作了调查分析，结果惊讶地发现该班学生的习作评语用词存在着十分严重的重复现象。据统计，一些词句在各学生评语中均一字不差反复出现，其中以下9个词语的使用频率较高：条理清晰、结构合理、中心（重点）突出、语句通顺连贯、详略得当、描写不够具体（详细）、缺乏新意、选材不够新颖、语言平淡。

该班共有学生47名，单从最近的那篇习作评语看，平均每则评语所用词句只有4.5个，上述的9个词句在每则评语中所占的比例竟达83%，并且有近15个学生本次的习作评语几乎完全相同。

"这样的评语，你看得懂吗？"教授问自己的孩子。"有……有一点点懂，但不清楚，不明白。""哪儿不明白？""什么叫结构合理？

什么叫语言平淡？中心怎样才叫突出……”孩子一口气问了好些。

习作评语用词重复、笼统抽象、枯燥乏味、缺少变化等现象的确令人深思。

【案例点评】

请案例中的老师换位思考一下，假如你自己是学生，每次自己努力写出的作文都是获得老师几个重复词汇的批改，你还有写作的兴趣吗?

二、发展性学生评价的基本原则

（一）对所有学生充满正面积极的期待

对所有孩子充满正面积极的期待是一个教师最基本的职业道德。学生在学校中最希望从老师那里得到的是参与感和认同感。因此，作为老师应该对所有孩子都一视同仁，公正、公平地对待所有孩子。无论在任何时候，都不能轻易“放弃”一个孩子，要相信每个孩子都有其独特的价值，都是能够不断成长的。

【案例3－6】

期望心理实验①

1968年，两位美国心理学家来到一所小学，他们从一至六年级中各选3个班，在学生中进行了一次煞有介事的“发展测验”。然后，他们以赞美的口吻将有优异发展可能的学生的名单通知有关老师。8个月后，他们又来到这所学校进行复试，结果名单上的学生成绩有了显著进步，而且情感、性格更为开朗，求知欲望强，敢于发表意见，与教师关系也特别融洽。

实际上，这是心理学家进行的一次期望心理实验。他们提供的名

① 资料来源：皮格马利翁效应［EB/OL］.（2011－2－16）http：//baike. baidu. com/view/41398. html

单纯粹是随便抽取的。他们通过“权威性的谎言”暗示教师，坚定教师对名单上学生的信心，虽然教师始终把这些名单藏在内心深处，但掩饰不住的热情仍然通过眼神、笑貌、音调滋润着这些学生的心田，实际上他们扮演了皮格马利翁的角色。学生潜移默化地受到影响，因此变得更加自信，奋发向上的激流在他们的血管中荡漾，于是他们在行动上就不知不觉地更加努力学习，结果就有了飞速的进步。这个令人赞叹不已的实验，后来被誉为“皮格马利翁效应”或“期待效应”或“罗森塔尔效应”。

（二）保护学生的自尊心和自信心

自尊和自信是一个人的精神支柱和成功基石。对一个孩子最残酷的伤害，就是剥夺他的自尊和自信。学生评价要注意呵护孩子们幼小的心灵，护佑他们获取成功的勇气。学生评价应是对学生取得的成绩进行鼓励和赞许，不断提高其自信心与自尊心的过程。让每个孩子在学校内有尊严地生活，让每个孩子都能体验成功的喜悦，理应是每所学校、每个教师的追求。

【案例3－7】

四块糖的故事

有一天，陶行知校长在校园内看到一男生用泥块砸另一男生，当即制止了他，并要他放学后到校长室去。放学后，该生早早来到校长室门口低着头等着挨训，陶校长走来，一面先给了他一块糖，一面说：“这块糖是奖你的，因你按时到，我却迟到了。”该生惊疑地接过糖。接着，陶校长又掏出一块糖放到他手里说：“这第二块糖也是奖你的，因我不让你再打人时，你立刻住手了，这说明你尊重我，应该奖你。”学生更惊疑了，他睁大眼睛看着校长。

陶校长又掏出第三块糖，说：“我调查过了，你用泥块砸那男生，是因为他们不遵守游戏规则，欺负女生，你砸他们说明你正直、善良，敢跟坏人作斗争，应该奖励你啊！”他感动极了，流着泪喊道：

"校长，你打我两下吧，我错了，我砸的不是坏人，是我的同学啊！"陶校长满意地笑了，他随即又掏出第四块糖递过去说："为你的正确认识错误，我再奖你一块糖，我的糖奖完了，我看我们的谈话也该结束了。"

【案例评析】

没有训斥，没有疾言厉色，更没有打骂，却让学生一步步地完成了对自己错误的认识过程。这个故事让我们更为深入地理解了"尊重是一切教育的前提"的内涵。处在青春期的孩子，无论在身体上还是心理上都需要老师认真的呵护！老师不讲究艺术的惩戒，会严重挫伤他们的自尊心和进取的积极性，其结果只能是逆反、厌倦、逃避甚至泄愤报复。陶行知"四块糖的故事"留给我们的思考可能远远不止这些。

【案例3－8】

15岁少女因同学投票欲将其赶走留遗书自杀①

一名15岁女生和同学打架，老师让学生自主管理，发动全班同学投票决定是让她留下学习还是请家长将其带走进行家庭教育一周。在得知自己被大部分同学投票赶走后，15岁花季少女留下遗言，投渠自杀。

学生自主管理的底线在哪里？一群未成年人能否决定一个未成年人的命运？15岁花季少女沉甸甸的生命拷问，让人无法逃避。

被投票赶走后，她跳进水渠

"雷梦佳生命就此结束！爸、妈，对不起，你们的恩情来世再报！辉辉，来世再做好朋友！"4月7日，在学校附近黄河渠边的青石板上留下三句遗言后，洛阳孟津西霞院初级中学初一学生雷梦佳投渠自尽。

---

① 奚春山．15岁少女因同学投票欲将其赶走留遗书自杀［N］．东方今报，2010－4－24

4月20日，雷梦佳的父亲雷先生告诉记者，4月10日是雷梦佳的15岁生日，去年生日，她还请几个要好的朋友，撮了一顿以示庆祝。但今年的生日，没有了好朋友和父母的祝福，不知道她在另一个世界是否过得快乐？

媒体报道，雷梦佳死于4月7日上午10时许。而在10时以前，雷梦佳被全班多数同学投票赶出了学校。

全班投票的起因是雷梦佳犯了错。4月6日，雷梦佳和同年级其他班另一个女同学打架；班主任周老师在4月7日组织全体同学投票。投票之前，周老师让雷梦佳先回避，然后让全班同学就雷梦佳严重违反班纪班规的现象做了一个测评。测评是道选择题："是留下来给她一次改正错误的机会，还是让家长将其带走进行家庭教育一周。"结果对雷梦佳不利，26个同学选择让她回家接受教育一周，12个同学选择再给她一次机会。

根据多数学生的意见，周老师给雷梦佳母亲朱女士打电话，让她把孩子领走。对于老师的决定，朱女士说"自己并没有反对"，但当她赶到学校时，却发现自己的孩子不见了。

律师：投票赶人，属于变相体罚

作为当事方，雷梦佳的班主任周老师在接受采访时承认，投票决定雷梦佳的去留是事实，但孩子的死在他意料之外。周老师还透露，班上有规定，对犯错误的同学，学生要民主评议。

4月15日，经孟津县白鹤镇政府、学校和死者家属等五方多次协商，达成协议，由镇政府、村委会、西霞院初级中学、教师本人等给死者家属一次性补偿9万元。

对老师的做法，雷先生认为很不妥当。孩子再调皮，老师也不能组织同学赶她走，15岁的女生心理还未完全发育成熟，怎么能用这种极端的方式对待学生？

雷先生说，雷梦佳平常性格很开朗，没有心理疾患。学习成绩在班里也不错，爱好文学，班主任老师平常对她也不错。老师如果是打她一顿，她也不会投河；关键是民主投票，伤了孩子自尊。

4 月 14 日，媒体报道雷梦佳的事后，孟津县教育局给洛阳市教育局递交了《关于白鹤镇西霞院初中学生雷某擅自离校后溺水身亡事件的调查及处理情况的报告》。4 月 15 日，校方把补偿金给了雷梦佳的家人。

雷梦佳的母亲朱女士不同意孩子“擅自离校”的说法。她说，是老师让孩子离校的。老师不把孩子亲手交给家长，这样做是不负责任的。

洛阳洛太律师事务所张耀显律师说，民主投票赶学生走，属于变相体罚学生，和《未成年人保护法》精神相悖，但没有具体法律条文规定学校应该负多大的法律责任。

当事老师神思恍惚，校长被停职

4 月 20 日，记者赶到西霞院初级中学，想搞清这次民主投票的前因后果。

负责人李校长说，恳请媒体放过老师。因为目前电视、报纸、网络轮番上阵，矛头直指老师和学校。当事的周老师，目前神思恍惚，已在家休息。周老师家属找学校多次，说周老师现在精神状态很不好，实在不宜接受采访。

李校长说，雷梦佳出事后，周老师就被教育局领导批评了，包括自己也被停职，目前自己是代理校长，眼下全校 48 名老师，人人自危，不敢管学生了。学校的教学管理工作面临崩溃。

雷先生说，雷梦佳死后，周老师连道歉的话都没有。学校应该对全体老师进行再教育，以避免悲剧再发生在其他孩子身上。

李校长说，不是不道歉，而是周老师的确受到巨大打击。从 4 月 10 日开始，学校已经对全体老师进行了四遍培训，下一步还要对老师进行再教育。

对雷先生所称的雷梦佳性格很开朗，李校长说，的确是这样。

李校长透露，对雷梦佳的死，雷先生曾向公安机关报案，学校倒是希望能查清真实死因，因为黄河渠的水平常比较浅，水位才到雷梦佳膝盖处，而雷梦佳出事那天，水位却上升了，这中间有何蹊跷，应该调查清楚，现在舆论一边倒地说学校逼死孩子，这不公平。

不过，一位学校老师告诉记者，和雷梦佳打架的另一名女同学，也受到了老师批评，但没有遭受被同学投票赶走的命运。

媒体和公众关注的焦点是，为什么要组织学生投票赶雷梦佳走？李校长说，县教育局曾开过研讨会，要求推广学生自主管理，没想到周老师让学生自主管理，却出了这事。

雷梦佳被同学投票赶出校门，是不是依据的学校自主管理的具体条文规定？李校长说，自主管理是新事物，教育部门和学校只是鼓励老师进行探索，学生违反课堂纪律，和同学打架，该给予什么样的处罚、该不该由学生投票决定，这些没有硬性具体规定。

沉痛课题：学生需要什么样的自主管理

在西方的法庭审判中，经常使用陪审团制度，让公民决定公民的命运。学校或老师能否用这种方式管理学生呢？

张耀显律师认为，陪审团制度是针对犯罪嫌疑人，而初一学生是未成年人，让一群未成年人决定另外一个未成年人的命运，是荒唐和不负责的行为，由此来剥夺孩子一周的教育权，也不符合法律规定。

公开的媒体报道显示，学生自主管理在很多学校都已实行。三年前，漯河市一小学，为鼓励学生自主管理，设立了校长助理制度，小学生代替校长，检查校纪，对学生进行管理，受到了家长和老师的普遍好评。而焦作市沁阳市教育局 2008 年开始取消小学生家庭作业，让学生在业余时间自主管理自己，家长也很满意。

但自主管理的“龙种”为何在雷梦佳的学校就成了“跳蚤”？陶行知先生曾撰文说，自主管理是为学生预备种种机会，使学生能够组织起来，养成他们自己管理自己的能力。苏联著名教育家苏霍姆林斯基在《给教师的一百条建议》中曾经说过：“自我教育需要有非常重要而强有力的促进因素——自尊心、自我尊重感、上进心……”郑州市教育学会会长陈明魁认为，西霞院初级中学采用伤害学生自尊心的方式，来进行学生自主管理、自我教育，如此南辕北辙的行为，不能和自主管理画等号。

陈明魁说，中国内地，目前还没有哪一级教育部门公开推行学生自主管理制度，究竟学生该如何自主管理，底线和边界在哪里，还是一个正在探索的历史性课题。

西霞院初级中学李校长说，农村学校老师的水平的确不如城里，这个悲剧，给学校提了个醒，希望全社会都来关注如何提高教育不发达地区教师素质问题，避免再次发生这样的悲剧。

【案例分析】

选择死亡是需要很大的勇气的。一个花季少女选择死亡来对抗所谓的“民主”，充分证明这种虚妄的民主给了她莫大的羞辱，让她没有了活下去的自尊和勇气。姑且不论案例中老师对“民主”的错误理解，这种把羞辱当教育，剥夺孩子自信、伤害孩子自尊的教育简直就是反教育、无良的教育。但是，在这个事情的背后，类似的教育方式还有广泛存在的可能。“投票选差生”“差生专座”“同学之间相互监督告状”等等现象频频出现，反映出教师对孩子自尊与自信的轻视，也是我们教育的悲哀。

（三）给学生展示自我的平台

2005 年到深圳南山实验学校参观考察时，同学们喜欢阅读、精于写作的情景深深吸引了我。在进一步了解之后，我感觉到学生们之所以能够做到这一点，除了学校的教育引导之外，学校改变传统的纸笔作文方式，把作文教学放到开放的网络环境中，给了学生更广阔的网络展示平台，也起到了重要的推动作用。在广阔展示空间的激励下，这所学校的孩子充分享受到了作文带来的快乐。由此我想到，学生评价要为学生提供多样化的活动和舞台，给予学生表现自己的机会。

【案例3-9】

成都天涯石小学：考试好似做游戏[①]

日前，一场别开生面的考试在四川省成都市天涯石小学一年级4个英语教学实验班进行。偌大的考场由5个园区构成，分别是会话区、超市区、音乐区、动作区和幻灯区；每个区各有一名教师任“考官”。在会话区，一名男生用流利的英语作了自我介绍，老师在他的考卷上盖上一枚“小猴子”卡通印章；“超市”的墙上，挂满了玩具、文具、瓜果等小商品，一位“小顾客”一口气说出她想买的多种商品的英文名称，她的考卷上添了一枚“小狗”卡通印章；动作区则要求孩子们听口令做动作，当老师用英语一一道出人体器官的名称时，孩子们便“抓耳挠腮”，在身上指来指去，让人忍俊不禁……

考试结束时，孩子们拿着“答卷”在领奖处排起了长队，凭考卷上的印章数领取奖品。不同园区有不同的卡通印章，每获3枚不同的印章就可以兑换一份奖品——一张能贴在手背上的小贴花。一个胖乎乎的小男生扬起花花绿绿的手背自豪地说：“看，我得了12张贴花，比考了100分还高兴！”

天涯石小学教导主任乔晓红介绍说，这是学校考试改革所作的一次崭新尝试。考试看似游园活动，其实各园区的设置涵盖了该年级学生所应具备的各种英语技能，游戏的内容也贯穿了本学期所学的知识，是对学生进行的一次科学、全面的考核。与传统的考试相比，这种“另类”考试只不过是在考试的方式上发生了变化，其目的就在于通过增强考试的趣味性，消除孩子对考试的畏惧心理，让孩子“乐”考，从而“乐”学。

① 让考试露出美丽的笑容［EB/OL］.（2011-1-9）http：//www. Hzedu. net/Template/exaMessenge3. aspx? id=18542

【案例3－10】

小学生自己选试卷考试①

对很多孩子来说，考试是个既讨厌又可怕的话题。然而在黑龙江省齐齐哈尔市江岸小学，自从实行了“多次测试”制度，考试便成了孩子们乐于参与的事情。

据江岸小学校长贾德洪介绍，多次测试就是考试时由学校出“基础试卷”和“提高试卷”两套题，学生根据自己的学习情况自主选择。学生如果对成绩不满意，可再次选择试卷，参加第二次测试，直到满意为止。

贾校长解释说，基础试卷的试题六七成与教科书题型相似，重在基础知识测试。提高试卷则更多考查孩子们灵活运用知识的能力。

据了解，在今年7月结束的期末考试中，共有94个孩子主动选择二次测试。他们当中大多数在第一次测试中成绩不理想；也有的是成绩不错，还想进一步了解自己的水平。

在二次测试中得了“优”的二年（1）班学生刘超，一看到考试成绩就高兴地抱着老师的胳膊不松手：“上次考试我粗心做错了几道题，其实我都会。这次我非常认真，结果都答对了。我跟爸爸妈妈说过，我一定行的。”

“当初我们对这种变化都挺不适应的。两套卷子难易程度不同，很难衡量学生的知识水平。”该校一位老师说：“但几次考试下来，我们认识到，以前过于注重横向比较，忽略了孩子的发展；而‘多次测试’是自己和自己比，让每个学生在原有基础上都有进步。孩子们有了良好心态，成绩自然有所提高。”

据了解，江岸小学出台这一新型考试制度的背景是，教育部从1999年开始着手进行基础教育课程改革，从课程内容到学生评价及管理均较过去有了较大变化。江岸小学于2001年被列为齐齐哈尔市

① 东北新闻网［EB/OL］.（2003－12－07）http：//www.nen.com.cn

课程改革“样本校”，当年该校就实施了考试制度等诸多方面的改革。

有关专家认为，传统的考试评价体系强调甄别选拔功能，追求给学生一个精确等级或分数与他人进行比较，缺乏个性化发展目标的确定。江岸小学的“多次测试”以人为本，为孩子们提供了展示自己的机会，也对他们建立自信、激发学习兴趣具有重要作用，是挖掘学生潜能、促进其全面发展的有益探索。

【案例点评】

让考试成为孩子展示自己的机会，自然考试就成了孩子们乐于参与的事。

（四）促进学生自我主动发展

在关于学生发展的目标上，我们一直强调学生的全面发展。但是，有些人也明确地指出，这种培养目标最终导致的结果是“全面发展、全面平庸”。全面发展的本质是学生的自我主动发展，没有了自我主动发展的精神内核，全面发展根本不可能实现。“促进自我教育的教育才是真正的教育”[①]，“自我教育”是实施全面发展培养目标的重要一环。因此，学生评价最重要的是要激发学生自我主动发展的意识。深圳某中学为贯彻学生自我主动发展的理念，提出了“六个只要”：只要学生可以自学的，老师不讲；只要学生能够自己解决的困难，老师不插手；只要学生能够主持的活动，老师退居二线；只要学生充分讨论形成的共识，老师一律尊重；只要是学生自主发展过程中出现的不可避免的过错，不指责；只要是学生自由思想形成的创见，一律给予鼓励。在“六个只要”理念的引领下，该校学生积极上进、乐观活泼，学校办学成绩不断提升。

---

① 苏霍姆林斯基．少年的教育与自我教育［M］．姜励群等译．北京：北京出版社，1984：180

【案例3－11】

美国老师为何与猪接吻①

在美国，老师经常以各种方式来激励学生上进，甚至经常有老师乃至校长和学生公开打赌，在激励学生成功的同时，甘愿履行诺言，服输认罚。这里就有几个例子。

美国堪萨斯州的小学老师盖瑞尔曾许诺，如果学生们的数学评估测验通过率在80%以上，他就与猪亲吻。结果，学生们达到了要求。盖瑞尔老师便信守诺言，于2006年4月18日这天，当着学生们的面，和一头猪接了吻，让学生们在成功的喜悦中着着实实开心了一回。

其实，拿猪和学生打赌，不是盖瑞尔老师的首创。2003年，美国剑桥沱滨小学校长唐拉尔德·沃森和他的410名学生打赌，如果他们能在一年之内读完2003本书，他就去舔猪。结果，沃森校长打赌输了，在全国教育协会组织的“全美读书日”上，他如约兑现了他的诺言，而他那几百名学生开心得有如过节一般。

不管吻猪还是舔猪，都是相对容易的事情。比较起来，另一位校长就要辛苦一些。美国得克萨斯州一所学校的校长与学生们打赌，如果在本届测验中，有65%的人通过最低级别的全州考评测试，他愿爬上屋顶呆一天。结果，有70%的学生通过了这项测试，这位校长只好带着一部处理函件资料的手提电脑和一个装有冷饮、食品的小型冷藏箱，在屋顶上过了整整一天。比起盖瑞老师和沃森校长，这位校长的赌注下得明显大一些，在兑现时固然要辛苦一点。

不过，要说辛苦，还有一位校长就更惨了。犹他州一小学校长路克，开学初，为激励全校师生的读书热情，他公开打赌：“如果你们在11月9日前读完15万页书，我在9日那天就爬着去上班。”路克此言一出，立刻轰动全校。所有师生刻苦读书，连刚进小学的孩子也参加了读书活动，终于在11月9日前读完了15万页书。有的学生打

---

① 姜勤．美国老师为何与猪接吻［J］．青年参考，(1146)

电话给校长："你爬不爬，说话算不算数?"有的劝路克："你已经达到了激励学生读书的目的，不用爬了。"可路克说："一诺千金，我一定要爬着去上班。"于是，1998 年 11 月 9 日这天，路克 7 点离开家门，开始了爬行。为了不影响交通，他在路边草地上爬。过往汽车向他鸣笛致敬，有的学生还跟着他一起爬。经过 3 个小时，他磨破了 5 副手套，终于爬到了学校。全校师生夹道欢迎，孩子们蜂拥而上，拥抱他，亲吻他，俨然欢迎一位英雄归来。

无论盖瑞尔老师还是另外 3 位校长，虽然在打赌中输给了自己的学生，面子上似乎有一点过不去，但他们甘愿"以身试罚"，以令人敬佩的守信精神、献身精神和敬业精神，通过最具直观效果的"身教"，给学生们上了一堂胜过任何空洞说教的品德课，这就是做人要兑现承诺。

【案例分析】

看到这些在我们看来有点传奇色彩甚至荒诞不经的教育故事，我不免羡慕起故事中那些学校的孩子，他们在学校的生活是多么富有趣味和活力呀。在这样的学校，喜欢学校、主动学习是再正常不过的事情。

三、发展性学生评价的方法

新课程改革背景下，发展性学生评价的理念已深入人心，由此形成的学生评价也日益科学、有效。在学生评价中如何激起学生的学习兴趣，如何照顾到不同学生的个性需求，如何通过评价学生树立学生的自信，如何诊断学生现有的优势与不足、规划学生的未来发展道路，成为学生评价中需要考虑的重要问题。在探索与实践中，出现了很多评价学生的新方法，主要有真实性评价、档案袋评价、表现式评价以及激励性评价等。

（一）真实性评价

真实性评价是突破了单纯采用传统的标准化测验的形式，采用多种途径，在非结构化学习情境中来评价学生学习结果的一系列评价方法，如书面作品、问题解决、实验展示、档案袋、教师的观察记录、学生作品集锦、小组合作学习的作品等等。真实性评价的核心，就是通过提供给学生与现实生活中相关领域类似的真实性的任务，让每个学生充分应用相关知识、技能、态度及智慧，展现其理解水平和对已有知识的驾驭能力。[①] 真实性评价主要有两层含义：一是指通过学生利用所学的知识解决问题来评价学生；二是指学生评价应以学生的实际表现为依据，而不是仅仅依靠学生的学业成绩。

从第一个层面来说，真实性评价要求学生评价的任务建立在学习与实际生活的联系基础之上，考虑学生的兴趣和能力，与学生的生活相联系。真实性评价任务要求表现现实生活中的问题。真实性评价秉承的原则是：当一个评价进入一个具有重要意义的任务中时，这个评价就是真实的。它所遵循的基本理念有两点：第一，倡导的不是怎样记知识，而是如何利用知识解决问题，解决问题的途径也是多种多样的。这与以前的只有一个标准答案的标准化测验有明显的不同。这种评价方式为学生个性化地解决实际问题提供了机会，也可以培养学生探索、创造的精神。第二，学生不再是被动的测验接受者，而是评价活动的积极参与者。呈现给他们的活动是与他们的生活密切相关的，教师要指导学生成为熟练的自我评价者，家长也成为学生评价的有益补充。这种评价方式对激发学生的学习兴趣有重要的价值。另外，这种评价方式对于培养学生解决问题的能力、与同学合作的能力体现出了其独特的优势。

从第二个层面来看真实性评价，学生评价要密切联系学生生活中的实际状况。这就要求老师要形成大的学生评价观理念。大的学生评价观要求我们牢固地树立这样一种理念：老师日常对学生的鼓励性话

① 王长义．情境：促进真实性评价的开展［EB/OL］.（2011－3－20）Http：//newgb-jc. bnup. com. cn/news. php？ id＝12661

语、关心学生的动作、真诚的微笑，都属于学生评价的范畴，这些看似普通的日常教育活动，对学生的发展都有影响，有些甚至会改变学生的一生。因此，日常学生评价的积累是综合评价一个学生的重要指标。

【案例3－12】

情境创设与真实性评价①

1. 故事型情境与真实性评价

【案例一】我区三水道小学穆华老师执教的“长颈鹿与小鸟”一课，内容是用7、8、9的乘法口诀求商。教学时，教师利用“长颈鹿为小鸟造房子”这一故事情境贯穿全课，在课尾让学生们为小鸟分房子，条件是要符合口诀求积、求商的要求。全班24名学生每人手中一只“小鸟”（每只“小鸟”下方有一个算式），黑板上画有六间房子（每间房子上有一句口诀），学生每人为自己手中的这只“小鸟”（算式）找到合适的房子（口诀）；房子分完后，每个学生都要把房子的分配情况检查一遍。在这个过程中，学生用一句口诀计算两道乘法题、两道除法题，进行数十道题的口算。这既巩固了利用口诀求商的方法，又提高了口算的技能。

每个学生都能积极参与。整个活动结合长颈鹿与小鸟的故事情境，教师以“分房子”任务是否正确完成及完成速度快慢为标准，对每个学生的学习情况进行了考查，找错房子的学生也在大家的帮助下进行了纠正。通过这一带有真实性任务的情境，教师有效地对学生用口诀求商方法的掌握情况进行了评价。

2. 开放型情境与真实性评价

【案例二】学习新世纪小学数学二年级下册第九单元《统计》的“读统计图表”一课后，我区闽侯路小学吴桐老师让学生收集“一定时间内，某段公路上各种不同汽车流量”的一些相关信息，制成车流

① 王长义．情境：促进真实性评价的开展［EB/OL］．（2011－3－20）Http：//newgbjc. bnup. com. cn/news. php？id＝12661

量统计图表，并让学生根据自己制作的统计图表，提出一些实际问题并加以解决。

在开放型的问题情境中，真实性评价的优势是将评价嵌入一个真实的、可引发学生兴趣的场景中，给学生提供一个将所学知识运用于实践的机会，这可以有效考查学生综合利用所学知识解决实际问题的能力。

3. 活动型情境与真实性评价。

【案例三】我区珠江道小学呼旭老师在执教第三册期末复习课时，将观察物体、方向与位置、统计三个单元的内容综合在一起，设计了一节综合活动课，主要安排了这样几个活动：①为自己的小房子设计漂亮的外墙颜色，看看哪个同学的设计美观、整洁。汇报时要用到上面、正面和侧面这几个表示不同位置的词语，并对自己的设计加以说明。②房子设计好了，在房子的周围安排一些必要的设施和场所，方便我们的生活。汇报时要用到所学习的方向词：东、南、西、北，并对自己设想的重要性加以说明。③统计大家安排的设施场所，从而确定哪些设施场所是我们生活所必需的。④评选明星设计师，颁奖。

这节课通过几个活动的汇报、明星设计师的评选等一系列评价活动，在复习所学知识、运用所学知识的同时，既考查了学生与人交流、合作的能力，还考查了学生收集、整理、分析信息的能力及实践能力。

【案例四】我区上海道小学章虹老师执教“观察物体”一课时，在每个教学环节结束后，都让学生评选出回答最精彩的学生。为了鼓励学生，教师即时进行评价，为他们现场拍照。当教师把这些照片展示出来的时候，有的学生评价说：“老师，您看您照的都不美观，这张照片上只有我的一个脑袋，而且还这么大。”有的学生“不满”地说：“老师，您虽然是给我照了全身像，但人太小了，看不到表情。”最后大家一致认为，只有一张半身照片照得最合理，不仅表情清楚，而且大小适中。这时，教师问：“你们是站在同一个位置拍摄的，为什么拍摄的效果不同呢?”学生马上意识到是由于教师的拍摄位置不同。教师站得近，拍摄出的人物只有脑袋一部分；教师站得远，可以拍摄出人的全身像，但面目表情就不可能太清楚。

学生在评价活动中认识到“近大远小”的规律，这也是该节课的教学重点。在这个贴近现实生活的活动中，学生不仅学到了知识，还充分挖掘了数学的形式美和内在美，体现出数学的文化价值和育人功能。在这种轻松、愉悦、成功的氛围中，学生增长智慧，发展能力，体验数学的乐趣，享受成功的快乐。

【案例五】“确定位置”这节课，章虹教师在创设一个良好的数学情境后，引导学生进入新课的教学。根据课程资源的需要，将真实性评价运用于其中展开学习活动。教师先请学生向听课教师们介绍班内的同学。学生很乐意这样去做：“我们班个子最高的同学，他坐在第6组第7个。”“我们班最爱笑的同学坐在第3组第4个。”“我们班歌唱得最好的同学坐在第8组第6个。”……介绍后，不用教师评价，只需问一句：“他说的是谁？和老师们打个招呼。”其他同学和听课教师就能明显地判断出他们所说的位置是否正确。

将真实性评价贯穿于教学活动中，使学生充分感受到在真实情境中能结合所学为容进行评价，更有助于他们学习兴趣的保持。学生在这种不知不觉的评价中感受数学的魅力，体验数学的价值，使课堂充满了活力。

（二）学生成长记录袋评价

学生成长记录袋评价是在反思传统教育评价过分追求“客观性”和“量化”而提出的一种评价方法。“档案袋”是一个形象化的比喻，其本质是为每一个被评价者建立一个展示其发展与进步的档案。档案袋能记载儿童成长过程中一个个具体生动的“故事”；能体现儿童多样化的兴趣、需要和爱好；能动态地反映儿童的成长。

学生成长记录袋评价，要求教师在评价中树立积极乐观的儿童观，即要以欣赏和发展的眼光来看待儿童，善于发现儿童成长过程中点点滴滴的闪光之处。

学生成长记录袋评价具有传统学生评价不具备的三个优点：

（1）档案袋内容的选择是多主体的。比如在学生评价中，学生也成为了选择档案袋内容的一个主要的决策者，赋予了学生自己诊断自身发展与进步的机会。这在传统的学生评价中是“可望而不可即”的事情。另外，家长也可参与对自己子女的评价，有些学校把家长留言也作为档案袋内容的一部分，在学生评价问题上把学校与家庭很好地联系起来。

（2）档案袋内容的全面性。评价内容绝不仅限于学习成绩。在内容的选择上，只要学生自认为可以体现自己的优点、长处和进步的资料都可以放入档案袋。既可以是老师日常评议的作业、作品，也可以是学生参加各级各类活动的获奖作品或证书，等等。此外，档案袋资料也可包括诸如教师寄语、家长留言、自我评定、小组评议等综合性的评价材料。选择档案袋内容的一个主要的原则，是发现学生的“闪光点”，增强学生的自信心，激励学生进步。

（3）档案袋内容选择的过程性。档案袋评价是对学生进步的连续性评价，在内容选择上是不受时间限制的。在学生的成长过程中只要发现了“闪光点”，可随时收入档案袋。

学生成长记录袋评价是一种多元的、优质的评价方式。在具体应用过程中，要避免几种错误的倾向。一种是把档案袋作为了学生成绩的汇集册。其实建立档案袋的主要目的是通过分析每个学生档案袋内的内容，引导学生个性化的发展。另外一种是把档案袋作为学生之间比较与竞争的平台。这种倾向把学生从以前单纯的学业成绩竞争扩展到了更大范围的竞争，不利于孩子的成长与发展。建立档案袋的关键，是强化学生自身的内在差异比较，而不是强化学生之间的横向比较。通过分析档案袋内容获得学生成长的规律与信息，为每个学生发展与成长提供个性化的指导。

【案例3-13】

“成长的足迹——学生发展档案”①（上海市第二中学）

经过一定时期的酝酿和准备，我校开始为每个学生设立“成长的足迹——学生发展档案”，纵向地记录学生从进校到毕业三年中在校内、校外的学习、实践及获奖等情况，探索一种较为全面、科学评价学生的新方法。

长久以来，学校、老师对学生的评价较多地以学习成绩、主观印象为主，因而不可避免地带有一定的片面性、主观性。而评价是否准确，对学生的发展至关重要，它既可能给学生带来前进的动力，也可能打击学生的积极性。如何提高学生评价中的准确性？我校尝试采用“档案”的方式，已经开始操作运行。

“成长的足迹——学生发展档案”共分为四部分。

第一部分——“起步”，包括学生个人的基本情况和座右铭等。还有一个内容——结合语文课要求学生写一篇题为“我的梦想”的作文作为档案的开首语，让学生在高中三年乃至一生中有个不断追寻梦想的过程。

第二部分——“学习的足迹”，包括学生基础型课程三年的成绩发展状况、研究型课程课题的申报及研究情况、拓展型课程的选修情况等，还有学生参加校内的各种社团活动以及体育、文化等校园文化活动的情况等。这部分主要记载学生通过校内的各类学习活动得到的发展。

第三部分——“实践的足迹”，包括学生在校外参与的各种社会调查、社区服务以及志愿者服务等一些情况。对学生参与社区的活动进行记录。

第四部分——“成功的足迹”，包括学生获奖及参与管理、其他

① “成长的足迹”——我校学生评价新方法［EB/OL］.（2010-12-28）Http：//www. shiers. cn/po/info/14/detail. jsp？infoId = info48000003574

成功情况等。获奖记录记载学生获得各级各类三好学生、学生干部、优秀毕业生等的情况，参加各级各类学科竞赛以及体育、艺术等其他各类比赛的获奖情况等；参与管理及其他活动并获得成功的情况；记载学生在市、区、校、年级和班级的任职经历，以及对外交流、参与竞争、参加各类会议主持、发言情况等。这部分是学生综合能力的反映。

现在“档案”的记录工作安排由专人负责，学生的基本情况已经登载完毕，计划每半学期进行一次学生情况的汇总。学校对此还将进一步完善、细化，在全面、科学方面再作努力，进一步搭建学生锻炼、展示才能的舞台，促进学生健康发展。

（三）表现式评价

表现式评价的核心理念是给学生提供机会，让学生自己表现自己的进步情况。

通过学生自己努力所取得的成绩、所习得的特长、所获得的收获来展示学生的成长过程，使学生获得成长的快乐和学习的乐趣，是表现式评价的主要优势。可以说，表现式评价关注的是学生的成绩与进步，而不是学生的缺点与不足。表现式评价给予了每一个学生成功的机会与成功的体验，对于培养学生的自尊心和自信心有重要的价值。

在表现式评价中，学生可以根据自己的优势选择表现的内容，可以说重视了学生评价中学生的主体地位。据报道，深圳一小学通过学生主动表现自己评选各种“大王”。在这所学校的学生只要感觉自己在某一方面有优势并且在全班同学面前表现出来，得到了同学们的认可，就可以获得相应的“大王”头衔，比如“故事大王”“画画大王”“唱歌大王”等等。在这个过程中，学生要想获得“大王”头衔，必须主动表现自己，这体现了学生的主体地位。

表现式评价为学生提供了广泛的表现机会，而不是像过去的学生评价那样评价指标就是唯一的——学习成绩。这种评价标准多元的学生评价方式，为学生个性化的发展、多样化的发展提供了一个条件。通过学生的主要表现，作为教育工作者，我们也可以发现每个学生的特长与发展方向，我们的教育就可以真正做到“有的放矢”，促进学生不断的成长。另外，给每一个学生提供了成功的机会。评价标准单一的学生评价方式，比如仅以学业成绩为标准的学生评价方式，可能导致的结果是有成功体验的学生很少，基本上每次获得好评的都是学习成绩好的同一批人。“多一把尺子，多一批好学生”，我们必须为学生提供广泛的表现机会，让每一个学生都有成功的体验，有自信心。

【案例3－14】

珠海拱北小学不评“三好生”评“大王”

2002年11月13日，记者从珠海市拱北小学了解到，“三好学生”这一传统的学生评价体系在该校受到了“挑战”，该校已经取消了这一评价体系，改用20种新评价标准衡量学生的素质。据了解，目前这一实践已经取得了良好效果，并将在珠海市全省课程改革实验区之一的香洲区全面展开。

同学个个争当“大王”

据了解，拱北小学制定的新评价标准包括20项内容，其中“全面发展好少年”即相当于过去的“三好学生”，其余19项则为故事大王、阅读大王、交际大王、艺术大王、品学兼优小能人、勤劳小蜜蜂、好学小书迷、环保小卫士、进步之星、希望之星等，基本上涵盖了学生的所有特长。

记者在拱北小学某班的班会课上体验了评选各种“大王”的有趣经历。学生们竟相施展自己的“十八般武艺”，争先恐后地向老师申报头衔。为了夺得“体育大王”称号，学生们表演跳绳、做俯卧撑，并且介绍自己的锻炼经验；为了获得“阅读大王”的称号，学生们向同学介绍自己的读书心得。还有的同学在申报“艺术大王”时，在课堂内拉起了小提琴、弹起了古筝、跳起了拉丁舞。该校的老师对记者说，通过申报各种“大王”的过程，同学之间可以互相分享各自的学习经验。

据该校的老师介绍，如果学生在申报时觉得上述20项内容都不包括自己的特长，还可以向老师申报新的头衔，只要获得其他同学认可即可，学校同样会给他们颁发盖着大红印章的头衔证书。在班会课上，记者就看到一名同学向老师申报“网络大王”，并介绍自己能通过网络预习相关的课程，并且还列举了很多自己常浏览的网站网址，最终获得了老师和同学们的认可。

有利于学生全面发展

虽然上述评选标准获得了学生们的认可，但也有一部分家长表达了不同意见。该校四年级某学生的家长林女士表示，以往每个班只有几名“三好学生”，学生间的竞争性较大。而上述标准出台后，学生之间的竞争明显少了，一个班的学生基本每人都有一个头衔，有的学生还有几个头衔。林女士觉得这样不利于培养学生的竞争意识。

该校严校长说，原来的“三好学生”评价体系注重学生的全面素质，一个班只有10%～15%的名额，导致被评为“三好学生”的同学只有寥寥数人。而且，家长往往觉得自己的孩子之所以没有评上，是因为“孩子语文少考了1分，数学少考了2分”，过于要求学习成绩，这样反而不利于学生均衡发展。新的评价体系则更注重学生的身心健康和全面发展，重视学生的个体差异和潜力——多一把尺子衡量学生的能力，能给每个学生以自信心。（记者　王锋）

（四）激励性评价

激励性评价，要求老师多用激励、赞美的语言，欣赏孩子、尊重孩子，倾听孩子的心声，促进孩子的发展。马克·吐温说：“只凭一句赞美的话，我就可以好好地活上两个月。”成人尚且如此，更何况孩子。

当前，激励性评价是广大教师应用最多的学生评价方式之一。但在具体的评价活动中，激励性评价尚存在一些明显的误区。

1. 把激励当成了廉价的表扬

学生在这种评价方式下，日益感受到赞扬是不需努力、唾手可得的。试想，不经努力、唾手可得的赞扬有谁会珍惜呢？所以，在表扬孩子时，最好“有的放矢”，而不是不分青红皂白地一味表扬与激励。也就是说，值得激励的才去激励。偶尔听到一个故事，大意是这样的：一位中国妇女到俄罗斯一个朋友家做客，进门时，对方漂亮的女儿甜甜地叫了一声：“阿姨，您好！”她马上称赞道：“你好漂亮哦。”当时，孩子母亲的脸上露出了不满的情绪，但她没有注意到。在女孩出去玩的时候，孩子的母亲说道：“我有一个观点不知你赞成不赞成，称赞孩子，一定要称赞孩子努力得来的东西，比如，刚才，孩子叫你阿姨，你可以称赞她真懂礼貌，因为这是她努力的结果；漂亮不漂亮是天生的，不是她努力的结果，所以最好不要称赞。”这个故事中的母亲赞赏孩子的方式值得我们思考，到底孩子怎样的行为才值得我们去赏识。可能也正是上面故事中的母亲给了我们一个最好的答案——赏识孩子不能不区分孩子的行为，一概赏识。

2. 激励性评价过于依赖外在的东西

现在很多老师上课，为了奖励学生，刚开始时在黑板上画苹果、香蕉等，后来拿玩具苹果、香蕉，再到后来拿真的新鲜苹果、香蕉激励学生。激励性评价借助一定的工具，尤其在低年级，的确能调动学生的积极性，但从长远来看，是不利于孩子的学习的。美国心理学家爱德华·德西曾做过一个实验——当一个人正对活动充满兴趣时，给他提供外部物质奖励，会减少活动本身的吸引力。这就是著名的德西效应。学生对学习本身的兴趣是最好的学习动机。因此，激励性的评价是为了使学生在老师的真诚赞美下对学习产生一种发自内心的爱，而不要让学习成了获得奖励的手段。

【案例3－15】

一个令人感动的关于家长教育孩子的故事①

第一次参加家长会，幼儿园的老师说："你的儿子有多动症，在板凳上连三分钟都坐不了，你最好带他去医院看一看。"回家的路上，儿子问妈妈老师都说了些什么，她鼻子一酸，差点儿流下泪来。因为全班30位小朋友，只有她的儿子表现最差；唯有对他，老师表现出不屑。她想了想告诉她的儿子说："老师表扬你了，说宝宝原来在板凳上坐不了一分钟，现在能坐三分钟了。其他的妈妈都非常羡慕你的妈妈，因为全班只有宝宝进步了。"那天晚上，儿子破天荒吃了两碗米饭，并且没让她喂。

儿子上小学了。家长会上，老师说："全班50名同学，这次数学考试，你儿子排在第40名，我们怀疑他智力上有些障碍，你最好能带他去医院查一查。"走出教室，她流下了泪。然而，当她回到家里，却对坐在桌前的儿子说："老师对你充满了信心。他说了，你并不是个笨孩子，只要能细心些，会超过你的同桌，这次你的同桌排在第21名。"说这话时，她发现，儿子黯淡的眼神一下子充满了光亮，沮丧的脸也一下子舒展开来。她甚至发现，从这以后，儿子温顺得让她吃惊，好象长大了许多。第二天上学时，去得比平时都要早。

孩子上了初中。又一次家长会，她坐在儿子的座位上，等着老师点她儿子的名字——每次家长会，她儿子的名字总是在差生的行列中被点到。然而，这次却出乎她的预料，直到家长会结束，都没听到他儿子的名字。她有些不习惯，临走时去问老师，老师告诉她："按你儿子现在的成绩，考重点高中有点儿危险。"听了这话，她带着惊喜出校门……此时，她发现儿子在等她。走在路上，她扶着儿子的肩膀，心里有一种说不出的甜蜜，她告诉儿子："班主任对你非常满意，他说了，只要你努力，很有希望考上重点高中。"

---

① 一个令人感动的关于家长教育孩子的故事［EB/OL］.（2011－2－26）http：//news.9ask.cn/hyjt/znfy/201012/1012027.shtml

高中毕业了。第一批大学录取通知书下达时，学校打电话让她儿子到学校去一趟。她有一种预感，她儿子被第一批重点大学录取了，因为在报考时，她对儿子说过，相信他能考取重点大学。儿子从学校回来，把一封印有“清华大学招生办公室”字样的特快专递交到她的手里……突然，儿子转身跑到自己的房间里大哭起来，儿子边哭边说：“妈妈，我知道我不是个聪明的孩子，可是，这个世界上只有你能欣赏我……尽管那是骗我的话。”听了这话，妈妈悲喜交加，再也按捺不住十几年来凝聚在心中的泪水，任它流下，打在手中的特快专递信封上……

【案例3－16】

“我以生命担保她行”①

学生就像一只没倒满水的杯子。在中国老师这里，通常看到“一半是空的”；而在美国老师那里，却总是看到“一半是满的”——前者否定，后者肯定。这难道不是我们的教育应当反省、深思的吗？

美国老师评价：“我以性命担保她行。”

我拿着赴美读高中的女儿寄来的美国各科老师的评语，大跌眼镜：“这真的是我的女儿吗？”她“有语言天赋”，她“乐观积极”，她“优雅”而“有创造性”，她有“人格的力量”，她是“宝贵的财富”！

其中一位美国老师，在推荐女儿上大学的信中说：“我以性命担保她行。”这句话深深震撼了一个父亲的心。

而仅仅在4个月前，我送走的那个女儿，是一个被老师批评为“没有数学脑子”、垂头丧气地对着父亲说“我厌学了”的孩子。

4个月，并不足以让一个学生本身的素质发生天翻地覆的变化，不同的可能是她所处的教育环境，以及她得到的评价与激励。女儿的

① 我以生命担保她行［EB/OL］.（2011－2－26）http：//news.9ask.cn/hyjt/znfy/201012/1012027.shtml

美国老师说："她在任何校园都会受到珍视。"当一个学生受到"珍视"的时候，和不被珍视（甚至被忽略、被歧视）的时候所表现出来的样子，肯定是会有所不同的。

如果在几年前，你问我"了解自己的孩子吗"，我会斩钉截铁、大言不惭地回答："恐怕在20万个父亲中，你才能找到一个像我这么了解自己孩子的人！"说这样的大话是有根据的。在女儿的整个初中阶段，我们父女俩之间经常进行有趣的谈话；老谋深算的我，常使女儿惊讶地大叫："怎么我心里想什么你都知道呀？"

女儿进入高中后，我算是领教了什么叫"高考战车"。每天5点半，她就要起床，自己匆匆吃点东西，6点多就出门了。晚上，我们只有吃晚饭时的十几分钟可以聊聊，吃完饭她就回到自己的房间，关上门做作业，直至深夜。我和女儿从容谈话的时间急剧减少。

我渐渐感到"信息短缺"，以往"特别了解"女儿的信心开始动摇。事实上，除了议论一下每次测验考试的成绩，我们几乎来不及再聊点儿别的。在女儿上高二时，没有和我商量，她告诉我："要分文理科班了，我报了文科。"

我心头一震，心想"大事不好"，这意味着女儿对自己的理科前景作出了否定的评价。

在理性上，我是坚决反对中学分什么"文""理"班的（我甚至认为大学本科阶段也应该是"通才教育"），谁有权这么早就强迫一个孩子只能学什么呢？凭什么这么早就认定一个孩子不具有多种发展的可能呢？一个十六七岁的孩子，怎么可能对自己"适于"学什么作出正确判断呢？

我小心翼翼地问女儿："你为什么这样选择呢？"女儿说："老师说我没有数学脑子……"

这话让我怒火中烧，一个为人师者，怎么可以这样摧毁学生的自信呢？"再想想怎么样？我认为老师说得没有道理，你很正常，并没有偏科……""你说没用，反正我得选一个！"我默然。

家长和学生，竟只能这样屈服于现存教育制度而毫无反抗余地——哪怕它是如此荒唐！

我读过不少教育学和心理学方面的书，深知“评价”和评价的方式在一个孩子成长中的作用。因此，哪怕孩子在某次考试中成绩再怎么不好，我也总是说：“这没关系，没准儿比全对还好，因为错过的东西印象更深！”但是我也感到，家长的鼓励对孩子的影响越来越小，因为你不“专业”、不“权威”，孩子做不出来的题，你通常也做不出来；你指导过的作文，通常还会被判低分。

很明显，在学校里，老师对孩子的评价具有决定性的影响。

有时我深感恐惧：我几乎已经完全不了解女儿了——每天能和她有效相处的时间不超过半小时；她一天要在学校呆10个小时，要说“了解”，恐怕没有人能比老师更了解孩子了。可是很遗憾，无论是每学期一两次的家长会，还是学期结束时老师给孩子的评语，都丝毫不能增进家长对孩子的了解。我相信与我有同感的家长很多，那家长会实际上就是“动员会”——动员家长与学校一起来给学生施加压力。无论哪一科的老师讲话，都是强调形势多么多么“严峻”，希望家长“督促、督促、督促”——每次家长会后，都有几个悲惨地被点名留下的男人女人，那笃定是没有好果子吃的……

每个学期结束后，成绩单上照例都会有老师的评语，本来这是一个使家长了解孩子的大好机会，可惜，每次都是那寥寥二三十个字，几乎是年年相同的套话——两三个词儿的优点和两三个词儿的缺点；有一次的评语绝对是学生的字体——看来老师自己根本就没有写评语的兴趣，干脆让学生干部代劳了。

有一次女儿回家后很不情愿地告诉我：“班主任老师让你晚上10点钟给她打电话。”我诚惶诚恐地掐着表准点打过去，不出所料，那是一大堆“必须及时改正”的缺点！——老师大义凛然，说得字字见血，听得我头皮直发麻！

女儿问：“老师说我什么了？”我犹豫了一下：“嗯，没什么了不起的……”考虑到老师对家长说话多少还会客气一点，我难以想象这些话当面对女儿说出来时是个什么气势，我不能再雪上加霜。

尽管我对女儿很有信心，觉得她是一个心智很正常的孩子，品行也没有什么必须矫正的缺陷，但她的理科成绩确实有江河日下的趋势，老师对女儿的评价开始影响我，“也许女儿真是缺乏理科方面的才能?”“也许她真是缺乏逻辑思维能力?”“也许她学习真的不够努力?”我自己都能感到在给女儿打气时有些言不由衷了。

终于有一天，女儿迟疑地对我说：“爸，我厌学了……”

“是吗?”我沉默无语，内心涌起一片可怕的绝望。我明白错不在女儿，是什么让她苦苦挣扎到高三，却突然丧失了自信和学习兴趣?她曾是一个多么快乐和不甘人后的女孩儿呀……

所有这些，大概就是当有可能脱离这种教育的机会来临时，我和女儿都没有犹豫的原因。

几乎丧失了学习自信的女儿，在美国会怎么样呢？她在陌生的英语教育环境中将遇到巨大困难，这是我可以想见的，也许她一开始就会沦为班上成绩最差的一名，美国老师会对这样的学生作何评价呢？我简直不敢想下去，并且做好了女儿再上两年高中的思想准备。

仿佛在验证我的预计一样，进入美国高中没两天，女儿就在邮件中告诉我，“大量的单词听不懂，所有的计算、作图都用计算机，我都不会……”第一次美国历史课考试女儿竟得了个“F”。我心情沉重，但别无退路，我对女儿回复说：“这是正常的适应期，你一定会挺过去的!”其实我心里在想：听天由命吧!

不久，似乎奇迹发生了，女儿那边好消息不断传来。“突破”先从法语开始，女儿首次得了满分！女儿说：“一次法语课，有别的老师进来找我们的老师，我们老师正忙着，她就跟我聊了两句，我们老师过来以后说：‘她刚从中国来。’那个老师说：‘我知道。’我们老师又说：‘刚来，法语就已经得100了。’那个老师感叹：‘Jesus（耶稣呀)!' 这声惊叹让我心花怒放。"

很快,她的化学又开始频频获满分。女儿给我的信写道:"今天化学考试又得了100。老师判完了卷子以后,拿给别的老师看,然后说:'班里没别人这样,这都能当标准答卷了。'正好有别的班的人来问问题,他就跟那人说:'问 Stephanie(斯蒂芬),她什么都知道。'"

女儿的每次邮件,都要写几句老师对她的评价。让我惊奇的是,这些评价无一例外都是赞扬,而且往往是在全班同学面前大声地赞扬,诸如"你们要努力呀,否则将来你们都要给斯蒂芬打工去了"等等,女儿说"我都不好意思了。"

这些赞扬有点儿像兴奋剂,不知为什么,女儿开始自信得让我感到陌生,一些我原来并未发现的特质似乎开始呈现。我不大有把握自己还有资格"指导"她了。

果然,3个月过去,女儿不经我同意,干脆地告诉我"准备今年就申请大学",她甚至已经试着考了一次"托福"。我愣了一会儿,觉得女儿有点儿好高骛远,"托福"能考个四五百分就了不起了,她什么时候见过这个世面呀!

不久,成绩出来了,着实让我大吃一惊,她竟考了六百多分。这个成绩申请美国任何一个大学都绰绰有余。

女儿真的开始申请大学了。她告诉我其中一个必要程序是中学老师的推荐信。与中国的"一考定终身"完全不同,美国对申请入大学的学生采用复合评价,不仅要看你"大学入学资格考试"(SAT)的成绩如何,你平时的成绩也占一定的比例,还要看你有什么特长(甚至包括做过多少时间的社会公益工作),中学老师的评价也是其中重要的一环。

我大大地担心起来,以往国内老师对女儿的评价言犹在耳,刚刚在美国学校里呆了几个月,美国老师怎么可能了解一个中国孩子呢?

可是女儿却似乎并不把这当回事,其后一段时间的邮件里,她绝口不提老师的评价是什么。我想:糟了,美国是个信用社会,老师向大学推荐学生关系到自己的声誉，绝不会像中国人通常认为的是个“人情”，拣好话说就是了。也许，美国老师是否愿意推荐女儿都是个问题——可是女儿不提，我也不好问。

又过了一段时间，我接到厚厚的一封信，是女儿从美国寄来的。打开一看，是4封美国老师给大学的推荐信！我迫不及待地开始读，一种从未有过的震撼油然而生———

法语老师的推荐信

在过去的5个月中，我很高兴认识了斯蒂芬。她去年10月到沙龙高中读书时，我教她法语。法语对她来说是一门全新的课程（她的第二外语），同时她不得不掌握英语（她的第一外语），还要适应新的文化氛围，但所有这些都没有难倒她。

斯蒂芬是个非常聪明的学生。她在沙龙高中的第一周，就问是否可以放学后留下，让我教她以前没有学过的功课。令我惊奇的是，斯蒂芬在一个小时内就都学会了。她不时地展示她的语言天赋，在班里成绩最好（从开学第一天起，她的分数没有低于A过）。她对细节和微妙的语法差别有敏锐的眼光，能成功地记住新词汇并在文章中创造性地运用。出语轻柔的斯蒂芬能轻松地表达自己的想法。我对她适应困难的法语发音的能力印象非常深刻。斯蒂芬学习勤奋、自觉，总是认真完成作业，以自己的努力和精确作答超出我的预期。

斯蒂芬是成熟、友好的女孩。她的同学大部分像大一新生，只有她像大四学生。她在小组中做得也不错，我经常看见她给同学讲解难题。另外，我们课下经常交谈，她既和我分享她的经历，又喜欢问我有趣的问题。

我相信，斯蒂芬在大学里会继续在个人学术方面取得进步，获取成功。对你的2005班（毕业班）来说，她是宝贵的财富。我毫无保留地推荐她。

凯瑟琳·M·特纳

亲切、自然和对学生细致的观察，竟使我这个看惯了“套话”的人一时间感到既新鲜又温暖，评价可以这样写的呀！

数学老师的评语

我很高兴写这封信，并以我的名誉担保，斯蒂芬今年参加了我的初级微积分课程的学习。学习期间，我发现斯蒂芬不仅勤学好问，而且富有同情心。她总是努力、认真地完成作业。她在数学和解决难题方面有显著特长。

斯蒂芬经常以自己优雅而且具有创造性的方式解决难题、完成数学证明。斯蒂芬也常常帮助身边的同学做难题。在校期间，斯蒂芬为了得到问题答案，通常比别人晚回家，有时候她也在学校里帮助别的同学。

学生们尊重她的文静和才智以及她解释问题时的耐心。显然，她在享受着帮助同学的乐趣。有斯蒂芬做学生我很高兴，她在任何校园都会受到珍视。为上述及更多原因，我向贵校推荐斯蒂芬。

特雷西·史密斯

我简直不敢相信自己的眼睛，女儿竟有数学“特长”？还能“优雅”而“创造性”地解决难题！她不是“没有数学脑子”吗？

英文老师的评语

斯蒂芬从不在没有准备的情况下进行学术辩论。她的准备总是全面而准确。她不喜欢大惊小怪，对每个可能的事件都有预测。有的学生考试时爱靠运气“赢取胜利”，获得最佳，但斯蒂芬不这样，她付出的代价是时间和努力，这在她优秀的作业中有所反映。

斯蒂芬不仅仅是学术机器。她对学习感到兴奋。有的学生仅仅是搜集信息，而斯蒂芬在探索智慧。她与困难的概念搏斗；对有挑战性的问题，她不接受简单的答案。她所做的是把不同的想法结合起来，把众多概念放在一起。她不怕在解决难题时碰壁。我很喜欢像她这样有毅力的学生。她能适应高水平的大学学业吗？我以性命担保她行。对此，一秒钟都不应该怀疑！

人格的力量。这就是全部。这就是麦粒和谷壳的区别，这就是斯蒂芬的内在。不自负，不自私，不虚伪，她是积极向上的女孩，能够明辨是非。

斯蒂芬勇于对自己的行为承担责任，当事情不顺利时不找借口。她知道如何自我解嘲，也知道如何关心别人。她不贬低别人，也不利用别人。她尊重人，对人公平、体贴。她具有人格的力量。我就以此来结束我的评价。

约翰·C. 科林斯

英文老师对女儿的评价让我目瞪口呆，有哪位老师会对一个学生的品质“以性命来担保”?！无论对学业上特点的描述，还是对内在人格的观察，甚至对女儿未来的预期，这位有博士学位的老师都远远超过了我这个父亲———我感到惭愧，以这样宽阔的视野对一个孩子作出评价，对我，对中国的教育文化来说都是陌生的。

指导老师的评语

去年10月的一天，斯蒂芬从中国来到马萨诸塞州沙龙市的沙龙高中，坐在我的办公室里登记注册，成了我们这里的新学生。哇！我无法理解她脑子里会想些什么。第一印象容易给人错误导向，但我很快被这个女孩的沉着、聪慧所震惊，开始关注在她身上会发生什么。

幸运的是，斯蒂芬11岁时曾经在澳大利亚住过一年半，英语表达能力和理解能力都不错。我们开始制订帮助斯蒂芬的学习计划。当天，斯蒂芬表示她的目标是争取和其他高年级学生一样从沙龙中学毕业，然后申请在美国读大学。作为一个在沙龙中学做过37年顾问，接触过来自不同国家的留学生的人，我不得不指出斯蒂芬的目标太高了。但是，她以轻柔却坚定的语气笑着回答：“我是高年级学生，想这个学年就毕业。”

斯蒂芬表现得很完美。在我做顾问的经历中，还没有听说过有外国学生比她更快地完成了学术转型。谦虚的斯蒂芬甚至不愿意接受她应得的高分数。数学和其他理科方面的科目对她来说很轻松，遥遥领先于她的同班同学。她喜欢语言，学起法语来是个明星。然而在英语和美国历史方面，她的阅读和写作水平还需要努力。她的所有老师都有共同的想法，“她太不可思议了，请再给我们20个像斯蒂芬这样的学生！”他们一致赞扬她的勤奋、学术好奇心、专心学习和愿意帮助小组中其他同学的行为。平时斯蒂芬在课堂上很安静，但一被叫到回答问题时总是清楚无误，显示出极强的理解力。

她的历史老师这样评价：“考虑到斯蒂芬有限的学习英语的经历，她在字谜、小测验和写作方面的成就是惊人的。我知道她花几个小时做每日的字谜测验准备，胜过她的同学。她来我的班3个月写作就大幅度提高。她总是来寻求帮助，问很棒的问题。”

我有充足的理由相信，她在美国有竞争力的大学里会非常成功。她的法语老师补充说：“尽管这只是初级法语班，但斯蒂芬是迄今为止最好的。她对语言敏感，在一个小时内就能掌握别的同学一个月才能记住的单词。她人也很好，总是耐心地帮助同一小组中落后的、新来的学生按时完成作业，因而他们特别愿意和她在同一小组。毫无疑问，斯蒂芬聪明、专心、勤奋，而且特别有组织纪律性。”

最后，教她初等微积分和三角学的老师这样评价斯蒂芬：“她是一个优秀的学习数学的学生，拥有极高的数学技能。她的作业总是无可挑剔，很明显，她依靠直觉，有创造性地解决问题。她谦虚、不摆架子、文静，但是她积极主动地伸手帮助同学。她经常放学后来找我，而我在忙着和别的学生交谈时，她就在教室里帮助其他同学。”

斯蒂芬在学业上越来越自信，同时她也开始交朋友，在社交方面开始轻松自如。她爱好运动，希望能参加我们学校的春季田径比赛。她开始意识到自己和沙龙高中的同龄人有许多共同之处。最近，她的父亲问她美国教育和中国教育有什么区别时，她说：“老师不一样。美国老师非常亲切、友好。考完试他们进行评论；而在中国，我们只是拿到分数。在中国我们需要死记硬背，而在美国你不得不学习思考，学会表达思想。”

斯蒂芬是个不同寻常的女孩。她独立、灵活，非常善于适应生活中的变化。她以乐观的态度看待将来在大学的学习。尽管她想念父亲、其他亲人和在中国的朋友，但她肯定对大学的挑战有准备。在沙龙高中的极短时间里，她就证明了自己是优秀的学生，是积极进取、善于接受挑战的女孩。

我满怀热情地赞同最具竞争力的大学接纳她。

乔·贝克汉姆

这像是一份学生评价吗？说实话，贝克汉姆先生的推荐信，我读起来就像是一个老朋友在与我娓娓而谈，亲切、从容，充满热忱。显而易见，他是如此负责，除了自己的观察，还逐一征询了女儿所有科目老师的意见，遣词用语非常谨慎——例如，我很担心女儿因为爱面子而不主动在上课时积极回答问题的习惯，而这是美国教育中非常被看重的品质，几次在邮件中叮嘱她要“改正这个缺点”。贝克汉姆先生也发现了这一点，但他使用的词是中性的——“安静”。他在小心翼翼地呵护着什么呢？呵护着学生的自尊！

读完这些老师极具个性的评价，那个“没有数学脑子”的、只能上文科班的、垂头丧气感到“厌学”的女儿，消失了；取而代之的是一个看起来正全面获得进展、甚至有点儿出类拔萃的女儿！仅仅三四个月时间，女儿的学习状态和自信简直就像换了一个人，是什么起了如此奇妙的催化作用？

我想说，是不同的评价标准使然！一个孩子如果总是受到负面评价，就会产生自我的“负驱动”，自暴自弃。处在学习过程中的学生就像一只没倒满水的杯子。在中国老师这里，通常看到“一半是空的”；而在美国老师那里，却总是看到“一半是满的”——前者否定，后者肯定，哪一种会对学生产生激励作用呢？当然是后者，这早已被心理学上著名的“罗森塔尔效应”所证明——仅仅是因为教师对学生的期待不同，一部分学生就会比另外的学生取得更大的进步。这难道不是我们的教育应当反省、深思的吗？

尽管相隔万里，我还是想大声对这些了不起的美国老师说声谢”，他们做到了我这个父亲力不从心的事，让女儿重新“起飞”。我已不在乎这些评价会对大学录取女儿产生什么影响，但我问女儿，是不是永远不会忘记，曾经有一个叫科林斯的老师在评价自己时说‘我以性命担保她行，对此一秒钟都不应该怀疑’?”女儿热烈地回应：“Yeah!!”

【拓展阅读】

及时肯定学生的成绩——赫洛克效应的启示

赫洛克效应是指及时对工作结果进行评价，能强化工作动机，对工作起促进作用。适当表扬的效果明显优于批评，而批评的效果又比不予任何评价要好。

关于赫洛克效应的实验研究是这样的：研究者选取了106名四五年级的学生为被试，对这些被试先进行一次测验，以测验成绩为基础，将被试分成四个相等的组，让四个组在四种不同的情况下进行难度相等的加法练习，每天15分钟，共进行5天。这四种情况如下。

第一组为受表扬组，每天练习后，老师予以表扬和鼓励，当众宣布受表扬同学的姓名。

第二组为受训斥组，每次练习后，老师总是点名批评和训斥这一组被试，而不管实际做得如何。

第三组为静听组，静听组既不受表扬也不受训斥，而是静听他人受表扬或受训斥。以上三个组都在一个屋子里进行练习。

第四组被试是单独练习，既不受表扬也不受批评，也听不到别人受表扬和批评。

然后再测验这四个组每次练习的平均成绩，并汇总整理，制成曲线图。实验结果表明，受表扬组成绩最好，受训斥组次之，静听组又差一些，而控制组（单独练习组）最差。这样就验证了前面的假设，有批评比无批评效果要好，表扬比批评效果要好。

我们教育是为了什么？是为了全体学生身心都能健康发展，我们的研究是为了什么？是为了更好的教育。但为了教育研究去伤害一部分学生，使一部分学生心理留下伤痛甚至是永久的伤痛，这不是为教研而教研吗？这样的教育研究失去了应有的意义。试想受训斥组的学生，在这五天的时间里每天过着噩梦般的生活，因为无论你做得多好都只会受到老师的训斥，这样下去他们将来可能成为仇视社会的人群；静听组天天像是在看别人的笑话，将来可能成为对人冷漠无爱心、对社会漠不关心的一群人；单独练习组天天无所事事，将来可能是毫无理想、碌碌无为的一群人。

从赫洛克效应的实验研究法我想到另外一个问题，可能有些研究者，为了研究去伤害别人，拿别人做实验，这与损人利己没有什么区别，是不道德的。

因此，我建议：教育研究者在进行教育研究时应画一条底线：就是教育研究者在进行教育研究过程中，无论对你的研究结果有多大的影响，都不能拿孩子做不良的实验，去伤害孩子的幼小心灵，来换取你的实验成果。

四、学生综合素质评价案例

（一）案例一：体重不达标，不能评三好

广州越秀区中星小学本学年对“三好学生”评选制度进行了改革：凡身高体重不达标的学生，没有资格参与“三好学生”的评选。很多孩子就因为偏瘦或偏胖而被学校的“三好学生”荣誉称号拒之门外。这引发了关于学生评价标准的讨论。有些家长说：“我孩子的体重虽然超过了体重最低标准，但我孩子身体棒棒的、非常健康；再说了，这孩子学习成绩好，在家和学校都很听话。为什么剥夺我孩子的三好学生的称号？”有人说：“我赞成学校的这种做法，至少打破了以前那种‘一好百好’的怪现象。”有人说：“孩子正处于身体快速成长的特殊时期，有的孩子发育早，有的孩子发育晚，单单因为体重超过最低标准，就剥夺孩子的三好学生称号，有点不妥；再说了，身体

好不好与体重也没有必然的联系。”讨论归讨论，但最终的结果并没有改变。你如何看待这种现象，谈谈你的看法。

【案例分析】

对这个问题的看法，当然是正反都有。正方认为：“现代社会的人才应注重综合素质的培养，把身高体重和评选三好学生挂钩，更有利于孩子的健康成长。”反方则认为：“如果将身高、体重等不能与学生主观努力完全挂钩的身体形态标准掺杂在内，可能给一些孩子的身心带来极大的伤害。”广州市政协委员、市政府特约教育督导员李伟成认为，中星小学把身高、体重作为评选“三好学生”的标准之一是滑稽可笑的，他还是第一次听说有学校这样评选“三好学生”。身高和体重等，很大程度上受先天遗传因素影响，后天的主观努力作用不大。学校评选“三好学生”的真正目的，是通过荣誉称号和奖金，来刺激学生在学习和品质上有更大的进步。中星小学的评价方式，无疑将扭曲孩子们的荣誉观，会让学生过分注重长相、胖瘦，对孩子带来的负面影响远大于积极作用。（王洪伟，《广州日报》，2006 年 6 月 30 日）

（二）案例二：“新概念”三好学生评价标准

2003 年 4 月，作为“新概念”三好学生试点学校，长沙市雨花区王家冲小学开始实施“新概念”三好学生评价标准，按照“在学校是好学生，在家里是好孩子，在社区是好市民”的标准评价学生，旨在促使学生全面发展，培养优秀人才。并请家长用“新概念”三好学生的标准鼓励孩子、要求孩子，让他们做一个完整的“社会人”。

“新概念”三好学生评价标准

“好学生”指标包含：遵守《小学生守则》《小学生日常行为规范》，遵守学校各项规章制度；学习认真，学习习惯好，能自觉完成各项学习任务；勤学好问，善于学习，善于思考，自学能力强；积极参加读书读报活动，爱读书，读好书，认真做好读书笔记；学习成绩好，综合素质评价达优秀级，各科成绩达良好级，全面发展；创新意识强，实践能力强，善于发现和解决问题；合作意识强，能积极主动与他人进行合作；身心健康，心理素质好；积极参加体育活动，加强体育锻炼，体育考核达良好；有较强的集体荣誉感，积极参加学校或班级组织的各项集体活动；积极参加特长学习，在某方面有突出表现。

“好孩子”指标包含：生活能自理，自己的事自己做；尊重长辈，孝敬父母，与长辈说话不粗声恶气；主动承担力所能及的家务；外出和回到家时，主动向父母打招呼，未经父母同意不在外住宿；生活有规律，按时作息；节俭朴素，不挑吃穿，不追求名牌服饰，合理使用零花钱；活泼开朗，主动与父母多交流，说心里话；不说谎话，知错就改；等。

“好市民”指标包括：诚实、守信；遵守公共秩序和交通规则；保护环境，爱花护绿，珍惜资源，节约水电；文明乘车，主动让座；关心他人，学会与他人合作；有正义感，遇到侵害敢于斗争、善于斗争、学会自救自护；文明上网，遵守网络道德和安全规定，不进“三室一厅”；不赌博，远离毒品，积极参加社会实践活动，为社区楼栋做力所能及的事等。

评选操作办法

评选中，每一项指标分别由学生本人、同学、老师、家长、社区（居委会或楼栋长）根据学生的实际表现打分，五类评价的最终结果按权重计算出最后得分。各班按学校下达的指标差额投票推选，公示结果，上报学校；最后由学校进行综合评价、审核，确定“新三好”学生名单。

【案例分析】

“新三好”由单看学校表现转向看在校、在家、在社会的综合表现，使学生置身于多元化的发展空间，这能激发全体学生的发展潜能，以实现全体学生的全面发展为教育理想，有利于学生的终身发展；由单一评价主体转向多元评价主体，有利于发挥多种教育资源的作用……但是，我们也应该看到评价过程的复杂性和评价标准的难控制都有可能使“新三好”评价流于形式。

（三）案例三：上海市、苏州市中小学生综合素质评价方案

上海市中小学生综合素质评价方案（试行）

为全面实施素质教育，促进中小学生全面发展，推进中小学评价和考试制度改革，指导中小学校对学生综合素质的评价，特制订本方案。

综合素质评价在《上海市学生成长记录册（试行）》（以下简称《成长记录册》）的日常性记录基础上进行。每学年对学生进行一次全面综合的评价，作为学生综合素质学年评价。在小学、初中、高中毕业时，以各学年评价为基础，再作出学段评价。

一、指导思想

以科学发展观为指导，全面贯彻党和国家的教育方针，认真落实《中共中央国务院关于进一步加强和改进未成年人思想道德建设的若干意见》（中办发〔2004〕8 号）和《教育部关于积极推进中小学评价和考试制度改革的通知》（教基〔2002〕26 号）的精神，从德、智、体、美诸方面全面反映学生的发展状况和水平，引导中小学校全面实施素质教育。

学生综合素质评价结果，既作为学生在该学段学业是否合格、准予毕业的依据，也可作为升入高一级学校时的参考。

二、基本原则

1. 根据党和国家的教育方针，按照培养德、智、体、美诸方面全面发展的社会主义建设者和接班人的目标要求，建立和完善中小学生综合素质评价制度，以正确的教育质量观全面评价学生，全面反映中小学生的发展状况和水平。

2. 按照《上海市普通中小学课程方案》《上海市中小学各学科课程标准》以及《上海市学生民族精神教育指导纲要》和《上海市中小学生生命教育指导纲要》等文件的要求，构建中小学生综合素质评价指标体系，从知识与技能、过程与方法、情感态度与价值观等维度评价学生发展水平。

3. 以《成长记录册》为基础，建立学生综合素质评价体系。学生综合素质评价指标，要反映中小学生在校学习期间德、智、体、美诸方面的综合素质及个性发展的关键指标；各指标的具体评价内容与标准在《成长记录册》上要有详细的评价和记录要求；每学年的学生综合素质评价，要以本学年《成长记录册》上的记录为基础。

三、评价指标

1. 上海市中小学生综合素质评价指标体系按一级指标、二级指标、三级指标的方法逐步细化。一级指标包括德、智、体、美四个方面。

2. “德”的二级指标包括思想品德、社会实践、德育学科学习三个方面。其中，思想品德的三级指标包括热爱祖国、勤奋自强、诚信守法、文明礼貌、团结合作五个方面；社会实践的三级指标包括学农学军、实践活动、劳动表现三个方面；德育学科学习的三级指标包括学习表现、学习能力、学习成绩三个方面。

3. “智”的二级指标包括：学习表现、实践能力、学习能力、学习成绩四个方面。其中，学习表现的三级指标包括学习态度、学习习惯两个方面；实践能力的三级指标包括实验操作能力、技术操作能力、学科实践能力三个方面；学习能力的三级指标包括阅读交流表达、科学探究两个方面；学习成绩的三级指标主要是各学科（德育、体育、美育学科除外）成绩。

4. “体”的二级指标包括健身锻炼、身体健康、体育学科学习三个方面。其中，健身锻炼的三级指标包括锻炼习惯、健身能力两个方面；身体健康的三级指标包括体质健康、卫生习惯两个方面；体育学科学习的三级指标包括学习表现、学习能力、学习成绩三个方面。

5. “美”的二级指标包括艺术活动和美育学科学习两个方面。其中，艺术活动的三级指标包括活动表现、审美欣赏两个方面；学科学习的三级指标包括艺术学科的学习表现、学习能力、学习成绩三个方面。

6. 各三级指标的检测要素主要来自《成长记录册》中的记录，记录登载配套软件后，将自动生成各学年、各学段中小学生综合素质评价结果。各指标的评价结果用“优”“良”“合格”“不合格（或须努力）”记载。

7. 初中、高中学段综合素质评价设置初中、高中学业水平考试成绩记载栏。初中、高中学业水平考试成绩，既反映学生学科学业水平的状况，是学生是否合格、毕业的依据，同时也是高一级学校录取的基础性信息依据之一。

8. 综合评价另设“突出表现”或“特长”记录栏，概述性表述学生思想品德突出表现和兴趣特长突出表现，总字数控制在 50 字以内，若无突出表现或特长则不记录。

四、实施要求和办法

1. 在中小学生综合素质评价方案的实施中，要特别重视以下三个方面的要求：（1）坚持发展性评价，检测评价时，要以《成长记录册》为基础，既要重视结果评价，更要注重过程评价，关注学生进步和发展状况；（2）坚持学生自我评价原则，重视体现学生对自己成长发展的自我评价，以引导学生学会自我诊断、自我反思；（3）坚持多主体评价，学生本人、同学和教师都是评价的主体，重视调动学生在综合素质评价过程中的主动性，同时，吸纳家长、社会的评价意见。

2. 重视同学互评在学生综合素质评价中的作用。学生互评应采取班级互评、小组（队）互评等形式，小组互评的学生数在 10 人左右。

3. 评价由班级评价小组负责。班级评价小组由班主任、本班主要学科的任课教师、学生、家长等成员组成，人数为 5 人左右。班级评价小组成员中的学生和教师要充分了解学生，在本班级学习、授课时间不少于1年。每一个学科教师和班主任都要重视以学生发展为本，把握每一位学生的心态、身体、心理的发展状况，科学、综合地做好学生的综合素质评价工作，做到有日常记录积累，有个案分析指导等，促进学生全面发展。

4. 小学起始年级学生综合素质评价，可由学校根据学生生理、心理特点，制订实施办法，积极稳妥推进。

五、评价结果的运用

1. 每学年的中小学生综合素质评价结果是衡量学生是否达到课程培养目标要求的重要依据。

2. 各学段的中小学生综合素质评价结果，可作为学生是否毕业的重要依据，也可作为高一级学校招生录取的依据之一。

3. 中小学校应该把学生综合素质评价结果作为诊断和改进教育教学工作的重要依据。

六、管理保障

1. 市和区县教育行政部门，要成立中小学生综合素质评价领导小组，负责综合素质评价试行工作的研究、宣传、试点与推广工作。市教委组织力量在“管理通”平台基础上，研制《上海市学生成长记录册（试行）》配套软件，实现学生综合素质评价的数字化操作。

2. 各区县教育行政部门，要结合本地区的实际，制订本区县中小学综合素质评价的实施意见，明确校长、教师、班主任等人员实施学生综合素质评价的职责要求，切实做好中小学生综合素质评价的指导、培训和管理以及《成长记录册（试行）》配套软件的推广、培训工作。

3. 试点中小学校，要成立由学校校长任组长的学生综合素质评价工作小组，负责制订本校《成长记录册》和学生综合素质评价工作的实施细则和工作规范程序，组织开展《成长记录册》的文字版本记录和配套软件数据填写，在此基础上做好学生综合素质评价工作。学校要对教师、学生进行记录和评价工作的培训和指导。要加强评价实施过程中的诚信教育，坚持实事求是和诚信原则，加强民主监督，接受质询、投诉与举报，及时解决评价工作中的问题。

4. 市、区（县）德研、教研和科研等部门，要进一步加强对中小学生评价和考试制度改革的研究，要对本方案试行、推广工作进行调研、指导、总结经验，提出对评价方案及实施操作要求的修订意见。

5. 市、区（县）教育督导部门，要将区县和学校实施中小学生综合素质评价工作作为对区县和学校办学水平督导评估的内容之一，以保证评价实施过程的客观、公正和公平。

苏州市中小学生综合素质评价方案

根据教育部《关于积极推进中小学评价与考试制度改革的通知》和省教育厅《关于初中毕业生升学考试与普通高中招生制度改革的若干意见》，以及《苏州市区域整体推进基础教育课程改革实验方案》等有关文件精神，为积极推动我市义务教育课程改革，加快基础教育发展，全面提高学生的综合素质，制订苏州市中小学生综合素质评价方案。

一、综合素质评价的指导思想

中小学评价与考试制度改革，是基础教育课程改革的重要组成部分，其根本目的是为了更好地提高学生的综合素质和教师的教育教学能力和管理水平，为学校实施素质教育提供保障。充分发挥评价促进发展的功能，使评价过程成为促进教学发展与提高的过程，从而达到全面贯彻党的教育方针、深入实施素质教育的目标。

二、综合素质评价的内容和标准

综合素质评价应从德、智、体、美等方面综合评价学生的发展，培养学生热爱党、热爱社会主义、热爱祖国，诚实守信、助人为乐的高尚道德品质、终身学习的愿望和能力、健壮的体魄、良好的心理素质以及健康的审美情趣。具体指标应包含中小学生在综合实践活动等非统一考试科目中的实际表现和在道德品质、公民素养、学习能力、交流与合作、运动与健康、审美与表现等方面所达到的综合素质水平。

主要评价指标如下。

（一）道德品质。爱祖国、爱人民、爱劳动、爱科学、爱社会主义；遵纪守法、诚实守信、维护公德、关心集体、保护环境。

（二）公民素养。自信、自尊、自强、自律、勤奋；对个人的行为负责；积极参加公益活动；具有社会责任感。

（三）学习能力。有学习的愿望与兴趣，能运用各种学习方式来提高学习水平，有对自己的学习过程和学习结果进行反思的习惯；能够结合所学不同学科的知识，运用已有的经验和技能，独立分析并解决问题；具有初步的研究与创新能力。

（四）交流与合作。能与他人一起确立目标并努力去实现目标，尊重并理解他人的观点与处境，能评价和约束自己的行为；能综合地运用各种交流和沟通的方法进行合作。

（五）运动与健康。热爱体育运动，养成体育锻炼的习惯，具备锻炼健身的能力、一定的运动技能和强健的体魄，形成健康的生活方式。

（六）审美与表现。能感受并欣赏生活、自然、艺术和科学中的美，具有健康的审美情趣；积极参加艺术活动，用多种方式进行艺术表现。

三、综合素质评价的基本原则

综合素质评价既应注意对学生、教师和学校的统一要求，也要关注个体差异以及对发展的不同需求，为学生成长以及教师和学校有个性、有特色的发展提供一定的空间。

四、综合素质评价的管理制度

各市中小学、区中小学和省直属中小学根据教育部、省教育厅和市教育局有关文件和指示精神制订评价方案，组织实施，并报市教育局基础教育处备案。

各学校均要为每个学生建立“成长记录”，全面客观地反映学生的成长过程，并以此作为对学生进行综合素质评定的基本依据。综合素质评定分别按照学期、学年进行阶段性评价，学生毕业时进行总评。

五、综合素质评价的工作机构

各中小学校应成立综合素质评价工作委员会，其成员应有广泛的代表性，由学校校长、教师代表、学生代表和家长代表组成。评价工作委员会负责制订评价工作的实施细则与具体程序，对校内各班级评价过程进行指导与监督，接受质询、投诉与举报，及时解决评价工作中的问题。

六、综合素质评价的工作程序

学校应指导学生进行自我总结，完成自评；指导学生以班级为单位开展互评；组织班主任和任课教师对学生进行考核；协调社会各界参与考评；校长进行综合评价；向学生和家长反馈评价结果；评价结果记入学生《综合素质评价报告单》。在操作过程中可以采用多种方法，努力探索科学的、简便易行的评价方式，有条件的市（区）和学校可尝试应用信息技术手段，借助网络操作平台，开展测评工作。

七、综合素质评价的等级评定

综合素质评价的结果包括综合性评语和等级两部分。综合性评语是对学生的综合素质予以整体描述，评语采用激励性的语言，客观描述学生的进步与不足，突出学生的特点、特长和潜能，记录学生成长过程中的闪光点。等级是对毕业生的综合素质作出评价，综合素质的六项指标均采用“优秀”（A）、“良好”（B）、“合格”（C）、“不合格”（D）四个等级。

综合素质评价结果是衡量中小学生是否达到毕业标准的重要依据之一。6 项评价考核指标中，凡达到 4 项合格（C），即达到综合素质评价毕业标准。

在初中毕业与升学考试中，凡学业考试科目、考查科目和实践能力测试项目均合格（含补考），综合素质评定也合格者，准予毕业。凡达到初中毕业标准，可报考任何类别的高中段学校。

八、综合素质评价的成绩公布

小学生综合素质评价的内容、方法、程序等，应向学生及其家长做出明确解释并公示。评价结果应通知学生本人及其家长，如有异议，学校评定工作委员会应进行调研与处理，并可组织复评。

九、综合素质评价的质量检查

市区和各县（市、区）均要建立抽查制度，对所在地区各学校综合素质评定工作开展情况及时进行检查和交流，推广成功的经验，纠正各种违背公正、全面、科学原则的做法，严肃查处评定过程中的违规行为。

十、综合素质评价的保障机制

综合素质评价是一项政策性强、涉及面广的大事，必须切实加强领导，建立专门工作班子，制订具体方案，精心组织实施，强化纪检监察，严格执行管理制度和规范，树立办人民满意教育的社会形象，坚决反对和抵制不正之风，构建诚信的运作机制，严防发生舞弊事件，严肃处理各类违纪违规人员。

（四）案例四：山东综合素质评价纳入高考录取动真格

新华网济南 2009 年 8 月 29 日电（记者赵仁伟），记者从山东省教育厅获悉，在今年高考招生中，临沂师范学院投档考生中有十几名考生由于“综合素质评价低”而被退档，同时也有刚上投档线的考生因为“综合素质评价高”被录取。

据悉，这是山东省将学生综合素质评价纳入高考录取依据以来，首次出现投档高分考生被退档的情况。

为了强化中学生综合素质评价信息在招生录取中的作用，山东省今年在临沂师范学院、山东政法学院两所本科院校部分专业开展试点工作，省招考部门按照1∶1.2的比例投档，在这一范围内，由大学教授组成的高校专家录取组认真审阅考生电子档案和综合素质评价信息等内容，然后提出录取建议。

临沂师范学院有关负责人介绍，在录取过程中，教授专家组通过比对，发现部分考生尽管高考分数较高，但综合素质评价并不高。根据山东省高考录取29条退档理由中的第24条“综合素质评价低”，学校将这部分考生作退档处理。

据悉，此前山东省虽然将考生的综合素质评价写入电子档案，并成为录取依据之一，但由于缺乏具体操作标准，这一政策两年来一直停留在政策层面。

【案例点评】

高考招生，历来是名牌大学的舞台，一般的本科院校能够招到学生，继续办下去就不错了。但是，在2009年的高考招生中，名不见经传的临沂师范学院却在这个舞台上狠狠地秀了一把。起因很简单，临沂师范学院在招生的时候以“综合素质低”为由，对部分分数较高的上线考生采取了退档处理，而又以“综合素质高”为由录取了部分分数较低的上线考生。消息一出，议论纷纷，褒贬不一，莫衷一是。“得天下英才而教育之”是很多高校办学的追求。临沂师范学院的做法至少完善了以分数为唯一标准的“英才”录取模式，可引导中小学更加扎实地推进素质教育。由此看来，在素质教育边缘苦苦挣扎的人们，应该赞同并支持临沂师范学院的做法才对。而实际情况是，众多的人选择站在了对立面上，质疑录取过程的公平性和公正性。由此可见，在没有明确的“综合素质”评价标准与机制的情况下，仅凭“高”与“低”的笼统判断是很难让人信服的。令人奇怪的是，香港高校开始在大陆招生以来，也曾经通过面试等综合素质测评方式把很多高分数学生甚至一些省的高考状元拒之门外；香港高校的这些做法反而赢得了公众的普遍赞誉。从两种情形的强烈对比足以看出，中国民众对大陆高校招生环节的不信任以及对以“分数”作为唯一录取标准的相对公平方式的顶礼膜拜。

姑且不论上述现象该不该批判，单就高校招生与学生培养而言，“招到英才”与“培养英才”同等重要。高校最重要的责任是把“综合素质低”的学生培养成“综合素质高”的学生。记得到一所高中调研时，校长明确提出“把学生送入大学就是最好的素质教育，大学才是开展素质教育的真正场所”。高校通过筛选把所谓的综合素质低的学生排除在外，一方面说明这所大学并没有贯彻落实素质教育，对提升学生的综合素质没有信心；另一方面在学生教育选择权没有得到落实的情况，这有可能是对学生受教育权的恶意侵犯。现在的高等教育市场，还是卖方市场，需要政府的合理规制，因为在高校招生问题上，考生没有讨价还价的余地。不能让高校打着行使自主招生权的幌子，行着“说你行，你就行，不行也行；说不行，就不行，行也不行”的勾当。

还有，素质教育最高的追求是让每个学生实现个性化的成长，不放弃每一个学生。每个人都有自己的基本素质，素质也无所谓优劣，只存在个性化的差异。因此，综合素质的对比，只能有结构性、个性化的差异，而不存在等级差异。不知临沂师范学院是怎么区分学生综合素质的高低的。

第四章

发展性教师评价

一、发展性教师评价的基本理念

在教师绩效工资改革的推动下，我国教师评价正进入快速调整期。一般来说，一套合理的教师绩效评价制度，是激发教师工作积极性，维持教师高度工作热情的必要条件。但在学校管理的具体实践中，教师绩效评价制度所带来的办学成绩的提升与老师对评价制度的不满往往是并存的。为什么一套对学校发展非常有利的教师评价制度，却得不到老师的认同呢？一个重要的原因就是，学校在制定教师绩效评价制度时，没有遵循正确的评价理念。

教师评价理念可以理解为实施教师评价的基本准则。从教师评价的发展历史来看，长期以来教师评价主要受两种评价理念趋向的影响：一种趋向是奖惩性教师评价，教师评价仅以奖惩、排序为目的，大大窄化了教师评价的功能，遭到了广大教师的怀疑、反感、憎恨乃至公开抵制；① 另一种趋向是发展性教师评价，教师评价的结果既不通知教师本人，也不与人事调动、工资升降相联系，教师评价流于形式，对教师成长没有实际指导意义，导致教师缺乏主动性和活力，效

① 熊岚．英国教师评价制度的改革及启示［J］．教学与管理，2000－10

率低下。英美两国在教师评价实践过程中，逐步认识到无论是奖惩性教师评价还是发展性教师评价都不能达到激励教师不断成长的目的。在不断反思和实践的基础上，英美两国在淡化教师奖惩与发展之争的同时，逐步形成了一些新的教师评价理念，主要包括尊重教师的自主个性成长、遵循教师的专业成长规律、给予教师平等对话交流的机会等理念。

（一）尊重教师的自主个性成长

教师专业成长没有固定的程序可以遵循，也没有统一的目标可以共同追求。每一个成功的老师都有自己独特的教育教学艺术，这是个人自主发展的结果，也是与自身个性相适应的必然追求。一个缺乏自主发展意识，没有自我追求的教师，是不可能充分挖掘自己的个性，实现专业发展的。因此，教师评价的最终目的是促进教师的自主发展，使每个教师都有自我诊断、自主更新的意识与能力，最终实现个性化成长。在人力资源管理理论中，一个基本的假设就是：每个人都有自我发展、自我实现的需要，因而对组织内人的研究主要集中在如何激发人的自我实现的内在需要方面。然而，作为促进教师专业发展的教师评价制度，却忽略了这一点。长期以来，教师评价制度的设计都把教师看成了“经济人”，把如何约束教师作为了自己的首要任务；在评价理念上，注重对教师进行绩效考评，追求评价过程的统一性、评价结果的客观性。这种忽视教师自我实现需要的教师评价制度设计，严重阻碍了教师的专业发展。因此，教师评价的设计必须考虑教师专业自主发展的特点，在开展教师评价的过程中培养教师自我诊断、自主发展的能力。自主发展的前提，是给予教师专业发展的空间，让老师发挥自己的个性特长，因此，教师评价要帮助教师实现个性化的成长。生命个体的成长历程，不可能有统一的程序与标准，教师的专业化过程必然是个体的、富有个性的。教师评价可通过个别化指导、自主选择评价内容等途径培养教师的个性，发展教师的特色，形成教师的优势。

1. 注重教师的个别化指导

英国在反思传统奖惩性教师评价的基础上，建立起了教师个别化指导的督导制度。为了发挥个别化指导的最大功能，英国非常强调教师对评价者的认同，以保证教师在面对评价者时，能够真实地说出他在教育教学中面临的困惑和问题，从而使教师评价更具有针对性。美国也建立起了促进教师专业发展的个性化评价督导体系，充分尊重教师的个性特点和专业发展的自主性。教师的个别化指导，改变了过去教师评价追求的标准统一化、过程单一化、结果模式化的问题，能够最大限度地根据每个教师专业发展的阶段和个性特点给出评价结论，促进教师的专业成长。

2. 允许教师自主选择评价内容

允许教师自主选择评价内容，能够把教师专业成长中的亮点充分展示出来，有利于教师在专业发展过程培育专业自信、发展专业个性。英美两国在教师评价改革过程中逐步认识到，教师专业发展没有一个共同追寻的标准，成功教师的特质也不是完全一致的。这就意味着，统一规定的教师评价内容并不一定适合每一个教师，因此，在特定的情况下，让教师自主选择评价内容是最佳的选择。比如，美国建立的教师档案袋评价模式就注重教师自主选择评价内容。这种评价方法允许教师选择评价的资料，建立自己的教学和专业发展的档案袋，强调教师对评价信息的自主选择。[1] 教师职业的情景性和个性化比较强，因此，教师评价不能用封闭的评价内容限制教师的个性成长和创造性发挥。当然，教师自主选择评价内容是有一定的限度的，根据英国教师评价的经验，教师自主选择评价内容的机会，应该与其专业发展的程度成正比，教师专业发展程度越高，自主选择评价内容的机会就越大。

① 周成海，靳涌韬．美国教师评价研究的三个主题［J］．外国教育研究，2007（1）：4

（二）遵循教师的专业成长规律

任何一个职业的成长都有一定的规律性，教师专业成长当然也不例外。教师专业成长最大的规律，就是其发展过程具有阶段性，尽管教师专业发展各阶段之间没有明确的界线，但它们的确存在。从古至今，很多的研究成果都证明了这一点。美国学者费朗斯·傅乐根据教师在不同专业发展阶段的关注点来划分，把教师专业发展划分为教学前关注、早期生存关注、教学情景关注以及关注学生四个阶段，[①] 分析了教师在不同的专业发展阶段关注什么的问题。后来，伯顿等人在严密有序的、大规模访谈基础上，提出教师发展通常要经历三个阶段：求生阶段（survival stage）、调整阶段（adjustment stage）和成熟阶段（mature stage）。[②] 这些研究，都不断地提醒我们，教师专业发展是有阶段性的，在不同的职业发展阶段，教师专业成长的需求也是不同的。麦克格利尔在评判忽视教师专业发展阶段的传统教师评价时曾指出："评价使用的唯一方法为课堂观察；对专家教师和初任教师采用相同的评价程序及标准，只是每年接受评价的次数不同；无论教师的个别差异如何，都采用统一的评价标准。"[③] 这种无视教师专业发展的规律性，用同一个评价标准、同一种评价方法、同样的评价周期评价每一位教师的做法，严重束缚了教师的专业发展。为了改变这种状况，英美两国教师评价主要采取了两种措施：第一，注意教师专业发展的阶段性；第二，满足教师专业成长的需求。

1. 注意教师专业发展的阶段性

以英国教师评价为例，为了使教师评价能够满足处于不同发展阶

① Fuller, F. F., Concerns of Teachers: A developmental conceptualization. American Educational Research Journal [J]. 1969 (6): 207-224

② 杨秀玉．教师发展阶段论综述［J］．外国教育研究，1999（6）：38-39

③ McGreal, T. L. Successful Teacher Evaluation [M]. ERIC Document Reproduction Service, 1983

段教师的需要，英国注重权变型教师评价的应用，对处于不同发展阶段的教师采用不同的评价策略。克里格曼等人提出了一种权变型教师评价模式，① 认为面对处于不同专业发展阶段的教师，评价者应该采取不同的评价行为（如图4－1）。在这个模式中，评价者的评价行为共分为四种，分别是直接控制行为、信息指导行为、合作行为、授权行为。对于专业发展水平非常低，完全没有能力自我诊断的老师，采取直接控制的评价行为，也就是直接告诉老师怎么去做；对于专业发展水平比较低、能够初步自我诊断的老师，采取信息指导的评价行为，也就是针对评价对象面对的问题，给出几种备选解决方案，让老师自己选择；对于专业发展水平比较高、能够自我诊断的老师，采取合作的评价行为，与老师一起协商，共同拿出解决方案；而对于专业发展水平非常高、自我诊断能力非常强的教师，采取授权评价行为，由教师自己解决问题，评价者作为参谋人员，只有在评价对象主动寻求帮助时，才参与到评价过程中。

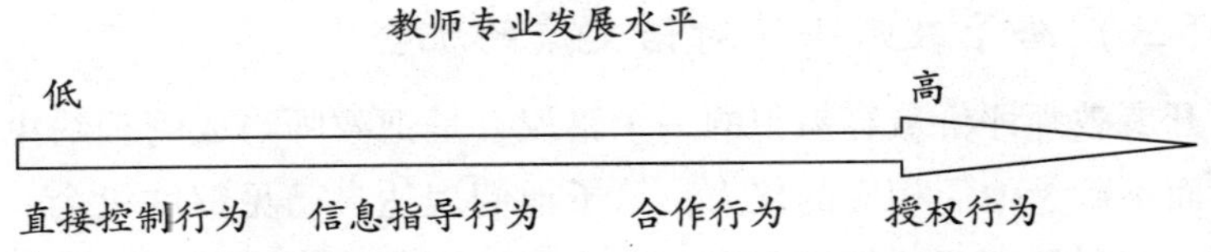

图4－1　教师评价的权变模式

2. 满足教师专业成长的需要

早期，英美两国也把教师评价看做控制、激励教师的手段，美国学者内沃曾批判传统教师评价是“对付教师”而不是“为了教师”②。在反思传统教师评价的基础上，英美两国逐步认识到满足教师专业成

① Carl D. Glickman，Stephen P. Gordon，Jovita M. Ross-Gordon. Supervision and Instructional Leadership：A Developmental Approach［M］. Boston：Allyn and Bacon，2001

② Nevo，D.. How Can Teacher Benefit From Teacher Evaluation?［J］. Journal of Personnel Evaluation in Education，19948（2）：109－117

长的需要是教师评价的根本目的。斯塔克（R. E. Stake）提出了应答式评价方法，认为要使评价结果能真正产生效用，评价人必须关心这一活动所有参与者的需要，通过信息反馈，使活动结果能满足各种人的需要。具体来说，应答评价是通过评价者与老师接触，了解他们的愿望，然后把它同实际活动进行比较，对教育决策或方案作出修改，对大多数人的愿望作出应答，以使教育能满足各种人的需要。[①] 斯克里文（M. S. Criven）提出了消费者导向模式。这里的消费者一般是指教育活动的参与者或受教育者。斯克里文认为，评价是对事物的价值和优缺点所作的系统判断，而不是只测量事物或判断目标是否达成；评价者要判断教育活动所达成的目标是否对消费者的利益有所贡献，也就是说要注意从消费者的角度来确认教育活动的价值。斯塔克和斯克里文的观点的主旨是一样的，那就是教育评价应该满足评价对象等主体的需要，在满足主体需要的过程中寻找教育评价的新价值。教师评价也在实现这种转向，开始从教师专业发展的实际需要出发设计评价模式。

（三）给予教师平等对话交流的机会

开展教师评价最容易犯的一个错误，是把教师当成管理约束的对象，而不赋予他们相应的权力，给予他们表达自己见解的机会。教师在被动应付教师评价的过程中，逐步把教师评价当成了一种负担，而不是改进自己工作的机会。给予教师平等对话交流机会的首要价值，就是让广大教师认同评价、支持评价并积极参与评价。教师是否认同、支持并积极参与评价，直接决定教师评价的效果。因为教师是学校教育教学活动的主导者，任何一种评价结果只有在教师认同并积极执行的情况下，才能产生促进教师的专业成长的结果；如果教师把自己置身于评价之外，持“你评你的，与我无关”的态度，那么再完美的教师评价组织与实施也不可能有理想的结果。在评价中倾听教师的

① 沈玉顺．现代教育评价学［M］，上海：华东师范大学出版社，2002：45

声音，与教师进行充分的沟通并促进教师的积极参与是实现评价目标的最直接和最具体的手段。①

1. **鼓励教师参与评价过程**

英美两国学者大都认为，传统教师评价存在的最大的不足，就是把教师作为被动的评价对象，而不是主动的参与者。其结果就是，在教师评价过程中，评价者高度参与并且主导整个评价过程，但教师参与意愿不高，也不会根据评价结论积极改变自己。在没有教师参与的情况下，不管我们怎样注重结果、怎样改进过程，可是如果我们的做法一开始就不符合评价对象的需求，我们做得越完美，就越得不到评价对象的认同。为改变这种状况，英美两国在教师评价上都在积极谋变，以赋予教师主体地位，获得教师的拥护。比如，美国就提出了教师评价的"公约计划"制，把教师置于评价的中心，要求教师参与到评价过程中去。具体而言，在评价之前，管理者或学校负责人与被评价教师之间通过协商而确定一种简单的约定，它以若干学生达到某种目标的成绩或某种状态作为评价该教师的依据。② 这种评价方式最大的特点是教师根据自己学生的状况确定评价标准，尊重了教师的主体地位。

2. **注重评价面谈的广泛应用**

面谈式评价最大的特点是能够给予教师充分表达自己意见的机会。默特勒认为"教师评价不应该是单向的，也不应该满足于得到一个评价结论"③；教师评价应该是双向的，应该是评价双方在民主、平等的氛围中围绕共同关心的问题，各抒己见、相互协商、共同解决问

---

① Jonson Kathleen F. Jones, Ellen M. Promoting Teaching Excellence: A Comparison of Two Performance Based Teacher Assessment Frameworks [J]. Education, Summer 98, 118 (4): 499 - 515

② 葛大汇. 对教师评价中的权力与人性的认识 [J]. 教育理论与实践, 2004 (11): 37

③ Mertler, Craig A. Petersen, George J.. A Collaborative Model of Teacher Evaluation: Roles and Challenges Faced by Various Constituent Groups [M]. ERIC Document Reproduction Service, 1997

题的过程。开展评价面谈，在评价过程中倾听教师的声音，与教师进行充分的沟通，是尊重教师主体地位，保障教师知情权，实现教师评价最佳效果的重要途径。作为评价者，在与评价对象进行面谈时，首先要改变自己高高在上的审视者的角色定位，把自己定位为教师苦恼的倾听者、教师困难的帮助者、教师专业问题的对话者。其次，评价者要掌握基本的评价面谈的技巧，通过积极的倾听、及时的反馈、适时的激励等技巧让教师畅所欲言，增加评价的针对性。

【案例4－1】

评价就是通过面谈引导教师找到解决问题的办法[①]

老师：(冲进校长办公室）这个可恶的地方简直是一个动物园！我再也不能呆在这里了。这些孩子是一群忘恩负义的家伙。我受够了。

校长：(看着老师）喔，你生气了！告诉我发生了什么。坐下说。

老师：(拒绝坐下来）我在这里不能从你或管理部门得到任何帮助。学生知道他们可以为所欲为。我再也不能忍受了。

校长：学生做了什么？

老师：刚才，我接到一个通知回到教室，学生满教室跳上跳下，跑来跑去，扔纸团，令人非常不愉快，我一分钟也不能忍受他们了。

校长：你做了什么？

老师：你想什么呢？我拼命向他们大喊，可李××竟有胆子嘲笑我。

校长：李××嘲笑你？

老师：是的，那个无理的小子！他总是说我最不愿意听到的。他如此无理，使我发疯。

校长：他总是那样吗？

老师：的确是。李××是我要解决的首要问题。如果我能使他守规矩并且学习，其他的学生不成问题。

① Carl D. Glickman，Stephen P. Gordon，Jovita M. Ross-Gordon. Supervision and Instructional Leadership：A Developmental Approach［M］. Boston：Allyn and Bacon，2001

校长：所以主要的问题是李××。他不守规矩时，你怎么做?

老师：我曾把他赶出教室，但那不起作用。他对学校不感兴趣并且只有被强迫时才学习。他确实难倒了我。

校长：他有太多的问题需要处理。

老师：的确是！那孩子胆子很大。他从不关心课堂在进行什么活动。

校长：他一定有使你保持希望的地方！李××在班级里没做过正确的事?

老师：几乎没有。他对学校里的一切活动都不感兴趣。如果他能够像生活在摇滚音乐和足球世界里一样活跃，就好了。

校长：（笑）好的，或许我们需要一个影音放映室或通过足球比赛引起他的兴趣。

老师：（大笑并且平静下来）哦，我不知道。他对我来说是个难题。但他不是一个坏孩子。

校长：或许我们可以利用他的兴趣去改善他的课堂表现?

老师：我需要坐下来和他一次次的交谈。我确实想在课堂中发现能激起他的兴趣、解除我的烦恼的东西。

校长：具体是怎么样的呢?

老师：在课堂，当其他同学专心做历史题目时，或许我可以把他对音乐或体育的爱好转移到历史题目上来；或者我可以把他好的表现与听音乐联系起来，表现好可以获得听音乐的时间。我试试看。

校长：我对你今天在课堂上的遭遇感到难过。不过听起来，如果李××是问题的关键，你还是会有一些解决的办法的。还有我能够帮助的地方吗?

（四）几点启示

当前，我国教师评价被不断诟病、得不到教师认同的一个关键原因，就是教师评价不能对教师的成长提供有效的扶持。其实，教师评价的根本目的，既不在于根据教师以往的成绩给予奖惩，也不在于给教师指明专业发展的方向，关键在于教师评价能够为教师当下的成长提供什么样的帮助。英美两国教师评价在这个原则下所形成的教师评价理念对我国教师评价改革有积极的借鉴意义。

1. 教师评价需要正确处理绩效与发展的关系

处理教师评价中绩效与发展的关系，是开展教师评价必须解决的问题，英美两国也在不断地探索之中。其中，英国围绕绩效和发展的教师评价改革一直在推进当中，美国则强调教师评价是绩效和发展双重目的的统一。

为改变传统奖惩性教师评价被老师抵制的尴尬局面，1985 年，英国皇家督学团在《学校质量：评价与评估》的报告中，提出了“教师评价制度应与奖惩制度分离”的意见。[①] 从此之后，英国掀起了一场后来席卷全球的发展性教师评价改革运动。起初，发展性教师评价备受老师欢迎。但是，很快这种目标不明确、评价标准模糊、评价过程随意的评价模式，就使教师评价走进了“形式主义”的泥沼，教师不能从这种评价之中得到实质性的帮助。于是，在 1998 年，英国政府推出了“教师评价国家体系”（Performance Related Pay），即“教师和校长或班主任教员的薪金与表现或绩效相挂钩的制度”，[②] 强化了针对教师的绩效考评。美国在教师评价改革过程中，始终强调“绩效”与“发展”双重目的的统一。达林·哈蒙等把教师评价的目的划分为“发展”与“绩效”两个层面，发展层面是指通过教师评价实现教师专业发展以及学校效能的提升，绩效层面是指通过教师评价为人事安排和奖惩提供依据。[③] 丹尼尔森和麦克格利尔也认为，教师评价的目

① 王小飞．英国教师评价制度的新进展——兼“PRP”体系计划述评［J］．比较教育研究，2003（3）

② 葛大汇．对教师评价中的权力与人性的认识［J］．教育理论与实践，2004（11）：35

③ Darling-Hammond，L．，Wise，A. E. & Pease S. R．Teacher Evaluation in the Organizational Context：A Review of the Literature［J］．Review of Educational Research，198353（3）：285 –328

的可以分为两种，即促成专业学习的形成性目的和为了质量保证的总结性目的①。由此可见，美国教师评价，既要保证在职教师以及新入职教师的绩效责任，从而保证从事教师职业的每个人都能胜任教师职位；也要关注教师的专业成长，推动教师不断获得专业发展，进而促进学校教育教学革新。其实，英美两国在教师评价改革的进程中，一直试图寻找有效融合"绩效"与"发展"的"第三条道路"。最近几年，英美两国开始逐步淡化"绩效"与"发展"之争，认为"绩效"和"发展"的有效融合是促进教师专业发展的关键。

我国自20世纪60年代开始建立教师评价制度以来，一直强调绩效的功能，具体的体现就是注重终结性评价，并且把教师的教学效果（主要体现为学生的学业成绩）作为教师评价的重要的（甚至唯一的）标准。这种重视绩效的考核方式，把老师放到了考试与升学竞争的单行线上，一个老师要想成功就必须在考试和升学竞争中获得胜利。于是，填鸭式教学、题海战术大行其道，教学失去了原有的生活与生命的色彩，对学生来说，学校生活越来越没有意义。从这个意义上说，应试教育的罪魁祸首就是绩效导向的教师评价。到了20世纪80年代，在素质教育改革的推动下，教师评价开始关注发展的问题。但是直到现在，我们还没有真正建立发展性教师评价制度。要真正解决绩效与发展的问题，必须对绩效和发展给出明确的定位。我国教师评价的绩效目标必须从当前对"没有最好、只有更好"的追求转变为对合格性的要求。也就是说，作为一个老师应该明确自己履行职责的合格标准，而不是在与其他教师的恶性竞争中，不断攀比更高的绩效标准。我们必须认识到，虚高的学业成绩并不一定能够转化为实际的人力资源竞争力。给绩效确定一个合格的标准，把教师从恶性绩效竞争中解放出来，让学校教育教学重新焕发生命的活力，是我国教育发

① Danielson & McGreal. 教师评价——提高教师专业实践能力［M］. 北京：中国轻工业出版社，2005：6

展的关键所在。教师评价的发展目标应定位于为教师的专业成长提供切实的帮助。发展性教师评价并不是放任自流、自生自灭，要采取有效的措施帮助教师更快地实现专业成长。

2. **教师评价应照顾到不同教师的专业发展需求**

教师工作的最大特点是具体性、情景性和不确定性。长期以来，我国教师评价忽视了教师工作的上述特点，“在追求具体的评价标准时走入了误区，评价标准被固定化、程序化和可测量化”[①]。为了达到所谓的“客观”“科学”“准确”的目标而忽视了教师的个性差异和教学情景的复杂性，用统一的评价标准、固定的评价程序来评价所有的教师，没有照顾到不同教师的专业发展需求。在我国，这种状况还比较普遍地存在着。具体的表现就是学校管理者为了显示教师评价的客观公正，在制定教师评价方案时，把一切能够量化的因素都纳入教师评价范畴，而不能量化的、仅凭主观判断的评价内容都被排斥到评价范畴之外，教师专业发展在统一标准的框架之下，没有了个性、失去了活力，消磨了持续发展的动力。为从根本上改变这种状况，我国教师评价改革一定要淡化教师评价标准的整齐划一，注重教师专业发展的内差异。为了实现这一点，要做到以下两点：第一，在教师评价中贯彻权变的思想，追求“合理”的评价而不是“正确”的评价，要根据教师的专业发展阶段、所处的具体教学情景、所教科目等采取不同的教师评价策略。第二，要关注教师的个性化成长，追求符合教师个性特点的评价，而不是整齐划一、泯灭个性的评价。

3. **教师评价应注意激发教师的工作主动性和奉献精神**

长期以来，我国教师评价的主要模式，是把被认为影响教师教育教学效果的教师特征和课堂教学行为进行归纳，然后据此制定教师评价表格。由于不同组织、不同人员所认定的影响教师教育教学效果的

---

① Worthen, Blainer. Educational Evaluation [M]. Longman, 1987: 62－70

特征和行为不一致，于是出现了教师评价标准不一致、内容不统一、教师无所适从等问题。这种过于强调教师特征和教师教学行为的评价方式有一个明显的认识误区——忽视了教学过程的复杂性。教学过程是非常复杂的，“即使在非常具体的课堂背景下，也没有人确切地知道，在影响优秀学生的学习上，教师应扮演什么样的理想的角色”[①]。所以这种寄希望通过统一的标准来评价教师的做法，不但不能有效地促进教师的专业发展，还有可能成为教师专业发展的绊脚石。因为“教学是无法标准化的，同其他专业人员一样，教师不可能因遵循条文而变得有效。相反，他们需要在实践中创造实用的知识——成为熟练驾驭教学模式的冲浪者”[②]。这就意味着学校教学工作是很难用一套固定的标准进行控制的，教师提高教育教学水平更需要对共同愿景的信守与坚持。由于忽视了这一点，我国那么多年来在教师聘任制中所采用的教师评价，主要关注了教师的课堂教学行为，却很少关注教师自愿做出的与学校教育教学目标相一致的行为和动机，如工作的主动性、合作、奉献精神等。[③] 近些年来，英美两国在教师评价方面逐步认识到，学校是一个呼唤工作主动性和奉献精神的地方，教师根据工作描述完成自身职务需要达到的工作要求，并不是评判教师的关键；在工作职责之外，由个体自愿表现出来的工作的主动性、职业的奉献精神等，才是教师实现专业成长的关键。

二、发展性教师评价的实施策略

从国际趋势来看，教师评价已成为促进教师专业发展的重要制

① Shinkfied, A. T. & Stufflebeam, D. . Teacher Evaluation: Guide to Effective Practice [M]. Boston: Kluwer Academic Publishers, 1995: 6

② [美] 萨乔万尼. 道德领导——抵及学校改善的核心. 上海：上海教育出版社，2002：46

③ 蔡永红，黄天元. 教师评价研究的缘起、问题及发展趋势 [J]. 北京师范大学学报（社会科学版），2003 (1)：132

度。为了推动教师的专业发展，英国、日本、美国等国家都根据各国教师工作的实际情况以及现行教师评价的缺陷，对教师评价制度做出了相应的变革。在新课程改革的推动下，我国教师评价制度正处于变革之中。在发展性教师评价的强势话语面前，理论界对传统教师评价进行了猛烈的抨击，但在具体的教师评价实践中，传统教师评价仍发挥着主要作用。从国外教师评价发展的趋势来看，单纯的发展性教师评价制度并不能很好地解决教师专业发展问题。

（一）国际趋势：绩效考核与专业发展的统一

教师评价作为教师管理的一种重要手段，具有诊断教师教育教学情况、激发教师工作热情、引导教师专业发展的重要作用。但长期以来，各国在开展教师评价的过程中的错误倾向，导致教师评价没有发挥出应有的作用。一种倾向是奖惩性教师评价，教师评价仅以奖惩、排序为目的，大大窄化了教师评价的功能，遭到了广大教师的怀疑、反感、憎恨乃至公开抵制。[①] 另一种倾向是“形式性”教师评价，教师评价的结果既不通知教师本人，也不与人事调动、工资升降相联系，教师评价流于形式，对教师成长没有实际指导意义，导致教师缺乏主动性和活力，效率低下。

教师是教育事业发展的关键因素。为促进教师的专业发展，很多国家都在调整或变革传统的教师评价制度。各国教师评价改革的方向与各国传统教师评价制度的特点以及教师管理制度有密切的关系。英国改革的重点，是改变以前教师评价过于注重奖惩的评价制度，建立起促进教师专业发展的发展性教师评价制度。英国传统的教师评价制度，只注重对教师教学结果的评价，评价方式是终结性的，在评价过程中不注重与教师的沟通与交流，不尊重教师的主体地位，缺乏对教师的信任，因此受到广大教师的反对与抵制。这种评价也使得教师工

① 熊岚．英国教师评价制度的改革及启示［J］．教学与管理，2000：10

作紧张、充满了压力，束缚了教师的专业发展，引起了广大教师的强烈不满与抗议。为改变这种状况，英国建立起了以改善学校状况、提高教师专业水准为目的，着眼于教师未来发展的发展性教师评价制度。在发展性教师评价制度中，评价者必须是教师能够接受的人选，充分尊重了教师的主体地位；评价者必须接受过专门的培训，具备开展教师评价的知识与技能，以保证评价结果的客观、公正；面谈成为教师评价的核心，评价者重视与教师的沟通和交流，建立起相互信任的评价主客体关系，便于全面、真实了解教师的工作状态，与教师共同探讨教师发展的规划；在评价结果的利用上，评价结果只向评价对象个人开放，对别人严格保密，以保护教师的隐私与自尊心。另外，评价结果是教师专业提高的基础与起点，通过分析评价结果找到教师发展的目标，而不是把评价结果作为奖惩教师的依据。

日本的教师评价制度改革，则走了一条与英国完全相反的道路。在日本，教师享有较高的社会地位和经济地位，一般享受终身制待遇，令人羡慕、受人尊敬。教师评价基本上也是流于形式。评定结果既不通知教师本人，也不与人事调动、工资升降相挂钩，只用于对教师进行一般性的指导和帮助。正因为这样，日本教师队伍既缺乏压力，也缺乏创造性和活力。[1] 为改变这种状况，日本提出完善教师的管理制度，其中教师评价制度改革成为教师管理制度完善的关键。其中东京参照企业界的人事工资制度改革，主张将工作评价改为业绩评价，实行业绩与人事升迁、工作调整挂钩的新评价考核制度。为保证评价结果的客观公正，教师评价在校长、教导主任评价的基础上，还要参考家长和学生的意见。最终的评价结果，不仅要通知本人，还要作为加薪和职务升迁、职位变更的重要依据。显然，这种教师评价制度的主要目的是引入压力和竞争，激发教师的动力和活力，促使教师更积极、主动地工作。当然，这种改革趋势与英国传统的教师评价制

① 齐琳. 日本教师评价制度及其启示［J］. 中华女子学院学报，1999：3

度一样，遭到了教师的反对与抵制。理由是过度的竞争破坏了教师队伍的友好与合作氛围，从而削弱了教师的整体力量，最终导致学校教育的整体衰退。

美国教师评价制度改革，走了一条介于英国与日本之间的中间道路。过于强调教师的专业发展，可能导致教师工作积极性降低，缺乏活力与动力；而过于强调奖惩，则可能导致教师的公开反对与抵制，压制了教师的专业发展。为此，美国的教师评价是双重目的的统一——评价不仅仅是对教师工作状况的鉴定，更重要的是为了促进教师专业成长和提高教学服务水平，达到提高学生学习成绩的目的。因此，美国的新的教师评价，转变传统的把评价作为监督教师工作、控制教学发展、鉴定教师工作好坏的观念，使评价既注重教师素质的提高和专业技能的发展，确保每一所学校、每一个儿童都有胜任的教师，又提高教育教学质量，确保学生达到学术高标准。[①] 为在教师评价中实现上述两个目的：一方面，教师评价密切联系学生的学业成绩，将教师评价聚焦于学生的学习；另一方面，建立起了促进教师专业发展的个性化评价督导体系和教师档案袋评价制度，充分尊重了教师的个性特点和专业发展的自主性。

英国、日本和美国的教师评价制度改革趋向表明；教师评价要发挥其应有的作用，最重要的是不要使教师评价流于形式，既不能激发教师的动力也不能促进教师的专业成长的教师评价制度是要尽量避免的。奖惩性教师评价与发展性教师评价并不存在好与坏的问题，关键是所选择的教师评价制度是否符合本国教师评价改革的需要以及教师管理制度的现状。促进教师专业发展的评价制度是改革的方向，但教师评价不应脱离学生的学习和教师的课堂教学。教师评价过程中应关注教师的主体地位，应充分信任教师，多与教师沟通、交流，给予教

① 王景英，梁红梅．当前美国中小学教师评价的特点及其启示［J］．外国教育研究，2002：9

师自己诊断自己发展的机会。教师评价的结果，既是评价教师工作绩效的依据，也是教师专业发展的基点。

（二）国内现状：绩效考核为本

在新课程改革的背景下，我国教师评价制度也走向了发展性。《基础教育课程改革纲要（试行）》明确提出“改变课程评价过分强调甄别与选拔的功能，发挥评价促进学生发展、教师提高和改进教学实践的功能。’在此背景下，很多学者对我国传统的教师评价制度进行了批判与反思。一般认为，我国教师评价是一种外部导向、行政控制的评价模式。这种评价以监督、控制教师为目的，把教师评价作为测量、鉴定和管理教师的手段，教师只能被动接受评价，而不能就针对自己的评价发表自己的看法。教师评价的主要目的就是对教师在一段时期内的总体表现给个客观、公正的说法，重在对教师进行比较，进而分出等级、排出名次，作为奖惩的标准。

长期以来，我国把学生的学业成绩作为评价教师的首要依据，并据此奖惩教师。这种状况强化了人们对奖惩性教师评价的偏见。很多人想当然地认为，奖惩性教师评价就是不好的评价制度，就是限制教师专业发展的评价制度。在这种背景下，人们一提到以奖惩为主要特征的绩效式教师评价就是一片讨伐之声；老师一听到绩效考核就认为违反教育规律，埋怨声不断。其实，这种认识已形成了另外一种误区，极易把我国的教师评价制度引向“形式”性的教师评价方向。长期以来，我国的教师队伍管理是封闭式的管理体系，一旦进入教师队伍的行列，只要不出现大的错漏，工作基本上是稳定的，不用担心会失去工作。尽管最近几年采取了教师聘任制，但这种格局基本没有什么本质的变化。由此形成的教师评价制度，基本是流于形式的——每年的绩效考核，大都是从“德、能、勤、绩”四个方面简单的打个分数，对教师的专业成长没有实际意义。另一方面，以升学率和学业成绩为导向的功利性教育评价价值观又把教师导向了充满压力和紧张氛围的教学竞争之中。这种现象是我国教师评价的常态。因此，单纯强调发展性教师评价不能从根本上解决教师评价存在的问题。关键是建立一种既能考核教师的教学绩效，又能促进教师专业成长的教师评价制度。

英国教育评价制度改革的进程，也证实单纯的以促进教师专业发展为主要目标的教师评价制度不是解决教师评价问题的理想方式。英国从20世纪80年代开始实施的发展性教师评价制度，虽然受到了广大教师的欢迎，但是由于缺少建立在绩效考核基础上的奖惩措施，所取得的效果并不尽如人意。因此，英国近些年来推行了一种带有奖惩性的“表现管理”教师评价制度，试图以折中的方法实现教师评价的“双重”功能：一个功能是按照量化指标决定教师的薪金，另一个功能是促进教师的个人专业发展。[①] 而日本所推行的注重奖惩的教师评价制度也受到了广大教师的反对，在一定程度上影响了教师的专业发展。由此，不难得出结论，只注重奖惩的教师评价以及只关注教师专业发展的教师评价制度，都很难发挥教师评价的作用；教师评价应是绩效考核与促进教师专业发展的统一。美国的教师评价制度改革给我们提供了一个生动的成功范例。

【案例4－2】

济南教师因学生打分低而“下课”

新华网济南2005年11月17日电，教了14年高中体育的孙老师最近十分苦恼：由于在这学期的教师聘用考评中不合格，她被暂时调离教学第一线，仅负责带校体操队训练。

在历次省市教学评比中为本校拿了许多大奖的孙老师，过去从来没为考评操过心，但她怎么也想不到这次“下课”的原因是学生打分过低。“太羞耻了。我以前还真没遇到过这种事。难道就因为学生不

① 王小飞．英国教育评价制度的新进展［J］．比较教育研究，2002：3

满意就让我下来了?”孙老师说，她觉得实在很委屈，也很困惑。

本学期，山东省济南七中尝试新的教师竞聘方法，在量化得分考核中，除了教学成绩与科研成果两项指标外，还加入了学生评价打分一项，权重占考评的20%，若是体育等非高考学科，该项权重更是占到40%，学生给老师的打分能直接影响老师的去留。

授予学生话语权“一石激起千层浪”

此项措施一出台，便在校内外引发了一番关于教师因学生不满意而“下课”该不该的讨论。

与孙老师一样，济南七中此次竞聘有15名教师被转岗，从教学第一线撤下，从事心理咨询、学生公寓管理、图书馆管理或教授政治辅导课等学校辅助工作。

据校方介绍，虽然教学成绩还是考评重点，15名转岗教师中有相当一部分与孙老师一样，是因为学生打分低而被转岗。

在解释此项改革时，校长尹守峰说：“学生是教育的主体，现在谈尊重学生的人格，落到实处，就是要给他们发言权，让他们的意见在‘老师行不行’的评判中有一定权重。”

此间一些学生家长认为，以往教师的地位（尤其中小学教师）是不容许学生挑战的。课堂上老师与学生的关系犹如强者与弱者，学生往往无条件服从老师的教学方法。在涉及教师切身利益的问题上授予学生话语权，还鲜有前例。

记者在采访中发现，在学生评价任课教师的问卷中，问题涵盖老师职业道德、授课艺术、控堂能力、作业布置与批改及备课等十八个方面；另有两道问答题，要求点出“最好”和“教学最有改进余地”的两位老师，并且说明缘由。

据校方介绍，考评时每个班推选6至8名“能代表班级普遍观点”的学生参加评价，而以往有违反校规情况的学生则自动失去了参评资格。

济南七中高三学生王继伟说，当知道这次自己的评分与老师去留直接挂钩时，感到“挺吃惊的”；同时又感到很兴奋。“这简直是我成人之后行使的第一个重要权利；我感到学生的权利真正被尊重了。”他说，对使用语言暴力贬低侮辱学生、挫伤学生自尊心的老师，或是不接受现代学生学习习惯的老师，在考评中他都给打了低分。

“我们都已经是成人了，都有点自尊，同样需要老师的尊重。”王继伟说，对不尊重学生的老师，绝大部分同学都在评价时有所反映。

赞同者称“一分遮百丑”之应试教育需要改革

山东师范大学教育心理学教授孟海兰说，竞聘改革是对老师提高教学质量的极大促进，尤其是激励老师把课讲得学生爱听。“老师不单要备课还要‘备学生’，如此改革我是赞同的。”

“目前我们的高中教育，几乎完全服从于高考，不少学校把上本科、进重点院校的上线率，作为衡量学校水平及评判老师的终极标准。只要能把上线率拉上去就是好老师；一分遮百丑，老师上课死板、对学生不尊重也成为可以容忍的小毛病，学生受不了老师的教学方式一点办法也没有；过去也搞学生评议老师，但不触及教师利益，提什么意见都不好使。”孟海兰教授如是说。

济南七中校长尹守峰认为，在“唯分数至上”的观念指挥下，老师恨铁不成钢，经意或不经意地歧视与挖苦学生，导致伤害学生自尊心的案例时有发生。让学生给老师打分后，课堂上老师要随时注意学生的感受。

他说，老师能不能得到学生的认同，是反映老师素质的重要指标，师生关系不和谐就搞不好教学，学生素质全方位的提高也无从谈起。

记者在采访中了解到，对竞聘措施最支持的是在校学生。七中的高三学生聂鑫说，班上同学都很欢迎这种做法，学生和老师的距离给拉得更近了。

她说，即使在毕业班，考评后老师的讲课也有不小的改观。过去上课古板，整堂课照课本念书的老师也动脑筋、想办法，注意活跃气氛、增加互动了。过去硬性的作业，现在可能布置得更灵活了。

质疑者提出给学生放权该适当有度

与学生的一片好评相对照，教师在竞聘改革后感受到了空前的压力。

“大半数学生都认为我‘上课语言’存在问题，与同学沟通不够。”在岗位上干了十多年，培养出一批优秀运动员的孙老师觉得很委屈。“我只相信严师出高徒，哪知道会是这样的结果？”她说。

她说，对学生评老师并不反对，但学生评价比重占老师考评的将近50%就欠妥了。

山东师范大学教育心理学家权朝鲁认为，从教师心理状况来说，这种打分不可取。他说，现在中小学教师已处在“高考升学率”的高压下，推广这项竞聘新规可能会让他们的心理健康状况进一步恶化。

“现在中小学教师患抑郁症、精神病、自杀的是屡见不鲜，学校还是不要让学生揪老师的‘小辫子’为好，应该让他们点评老师的优点才是。”他说。

20世纪80年代大学毕业后就分配到七中教化学的杨老师说，过去当老师就是铁饭碗，教得好不好，就是以能不能教重点班来加以区别而已；而现在，教不好就要转岗。但她表示，只要评估规则能够合理，评测过程能做到公平、公正，对于新的竞聘制度她并不反对。

山东师范大学教育系系主任魏薇说，高中生已经具备了基本的评判能力，能够较理性地给老师打分。但她担心有些老师受到社会不良风气的影响，可能用不正当的方式讨好学生，如此一来，影响会更坏。

还有教育工作者指出，一套公正的教师评价机制除了学生给老师打分外，老师对老师打分的，教学组织或机构的评价也不该忽略，如果只让学生说了算难免会有偏差。

（三）实施策略：绩效考核基础上的专业发展

根据国外教师评价的发展趋势以及我国教师评价的现状不难看

出，我国教师评价制度，既不能有效地考评教师的工作绩效，也没有建立起促进教师专业发展的评价制度，对教师的成长和发展所起的作用是十分有限的。首先，我国教师评价制度还没有根据教师的工作特点，确定合理的评价指标。长期以来，建立在功利性教育理念下的教师评价观，把教师评价与学生的学业成绩紧密地联系在了一起。学生的学业成绩成为了教师评价的关键甚至是唯一的指标。当然，这个指标也就成为了教师奖惩的关键或唯一依据。其次，教师评价流于形式，对教师发展没有实际价值。一方面基于学生学业成绩的教师评价结果，仅仅作为了教师奖惩的依据，没有对评价结果进行具体的分析以指导教师的未来发展；另一方面，教师评价指标单一，不能反映一个教师发展的所有因素。即使充分利用了评价结果，其具体效果也十分有限。

单纯的奖惩性教师评价或纯粹的发展性教师评价，都不利于教师队伍的发展和教育质量的提高。建立在绩效考核基础上的奖惩性教师评价，可保证为每个学生提供高水平的教师和高质量的教学；建立在专业发展目的上的发展性教师评价，是教师不断成长、不断进步的基础。教师工作的特殊性，要求我们在建立教师评价制度的时候，必须把绩效考核和专业发展结合起来。绩效考核的结果是专业发展的基础，没有绩效考核的专业发展是盲目的发展；通过有效的绩效考核，我们才能发现教师在教育教学上可能存在的问题，进而找到教师专业发展努力的方向。专业发展是绩效考核的目的，不是建立在专业发展基础之上的绩效考核，是没有实际意义的绩效考核。教师的专业发展是教师评价的终极目标，绩效考核只是促进教师专业发展的手段。从这个意义上来说，教师绩效考核结果的利用，是区分奖惩性教师评价与发展性教师评价的主要依据。如果把教师绩效考核的结果仅仅作为教师奖惩的依据，那么这种教师评价就是奖惩性教师评价；而如果把教师绩效考核的结果作为教师专业发展的基础，并提出教师专业发展的具体措施，那么这种评价方式就是发展性教师评价。可见，发展性教师评价不是抛弃教师绩效考核，而是在教师绩效考核基础上的进一步发展。如果过于强调发展性教师评价，而忽视了教师的绩效考核，极有可能把我国的教师评价引向形式主义的道路。

我国教师管理制度的现状与我国教师评价发展的现实要求我们，必须选择以绩效考核为基础的发展性教师评价模式。不要把奖惩性教师评价与发展性教师评价对立起来，而是要结合起来。既要让老师感受到教师评价的压力，主动发展，不断提高自己的教育、教学水平；又要建立相应的促进教师专业发展的制度。一方面，要联系教师的教育教学和学生的学业成绩等指标对教师进行合理的绩效考核；另一方面，要合理分析和利用考核结果，为教师专业发展找到努力的方向。

三、权变型教师评价的建构

教师这一职业有明显的生命循环周期，教师在他们不同的职业生涯阶段有不同的需要和技能水平。[①] 在不同的职业发展阶段，教师专业成长的需求也是不同的。但是，作为促进教师专业成长的教师评价，在评价实施过程中却很少关注教师专业成长的阶段性。这种状况是教师评价不能有效促进教师专业成长的关键原因。因此，如何根据教师的经验水平、专业技能以及责任意识采取不同的评价机制，是教师评价必须解决的问题。构建权变型教师评价制度是解决这个问题的关键。

（一）教师评价权变模型的提出

教师评价是促进教师专业成长的重要手段之一。为了切实推动教师的专业发展，各国都在不断研究和调整教师评价的理念与方法。当前，发展性教师评价成为教师评价发展的主要趋势，其核心观点是推动教师在原有水平上的发展，在评价实施的过程中要淡化奖惩、排序

① 梁红京．论教师评价中的区分评价［J］．教育科学，2003（6）：31－34

的功能，强化诊断、指导的功能。理论上的阐述看似合情合理，但在具体实践中，如何实施发展性教师评价还没有统一、有效的做法。因此，发展性教师评价，理论上阐述得多，实践操作却很难。为什么会出现这种情形呢？笔者认为，关键的原因是在具体的教师评价实践中，用同一个评价标准、同一种评价方法、同样的评价周期评价每一位教师，而没有根据每一个教师的具体情况采取不同的评价策略。在所有的工作当中，唯独教学对新教师的要求和对有经验的教师的要求是一样的。当新教师第一次踏进教师行列的时候，他们就要参考同样的标准，步入和他们有经验的同事一样的程序。① 这种状况显然不符合发展性教师评价的基本理念，不利于教师的专业成长。教师的发展水平和需求，是参差不齐和各具特色的，如果按照统一的标准和方式来评价教师，即使投入了大量的时间和精力，其结果往往会适得其反。② 因此，针对每个老师的具体情况采用不同的评价方法，建立个性化的评价模式，才是发展性教师评价的真谛。

教师有不同的发展阶段，因此“评价者在具体的评价过程中，不会找到一种现成的、固定的评价模式和方法，而要根据被评价者的不同特点及其所处的内外环境因素，因人、因地、因时地设计不同的评价方案，采用不同的评价方法；同时随时依照被评对象及环境和其他因素的变化，及时调整评价目标，修正评价方案，改变评价方法，才能达到预期效果”③。权变型教师评价制度，就是在分析教师专业成长影响因素的基础上，根据每个老师的具体情况采用不同的评价标准、方法以及周期，促进教师的专业成长。新入职的教师与经验丰富的教师，在专业发展方面的需求肯定是不同的，权变型教师评价，就是通

① 郭晓红．“权变理论”在教师评价中的应用［J］．教育理论与实践，2000（2）：56－57

② 梁红京．论教师评价中的区分评价［J］．教育科学，2003（6）：31－34

③ Charlotte Danielson & Thomas L. McGreal. 教师评价——提高教师专业实践能力［M］陆如萍，唐悦译．北京：中国轻工业出版社，2005：3－4

过分析不同发展阶段教师的专业发展需求，进而采取不同的评价机制，有针对性地促进不同发展阶段的教师的成长。教师专业的发展水平可从教师的经验水平、专业技能以及责任意识来分析，评价的权变有评价方法、评价内容和评价周期三个维度。

（二）权变型教师评价的权变维度分析

根据每个老师的具体情况采取不同的评价机制，需要从教师和评价两个维度系统分析权变因素。

1. 教师维度

分析教师专业发展中的影响因素，是建构教师评价权变模型的前提。排除学科、个性特点以及具体情景对教师专业发展的影响，教师专业成长主要涉及三个基本因素：教师的经验水平、教师的专业技能以及教师的责任意识。

（1）教师的经验水平。

经验主要是指老师在具体的教育教学实践中积累的实践性知识与能力。随着教师工作年限的增加，教师的经验水平会不断增加。但经验是一把双刃剑，好的经验，可推动教师更好地改进教育教学工作；不良的教育经验，不但不利于教师的专业成长，甚至会阻碍教师的专业发展。在本模型中，教师的经验水平是指教师所具备的、有利于教育教学活动开展的实践知识与能力。教师的经验水平判断的主要依据是教师的入职年限。

（2）教师的专业技能。

教师的专业技能是随着教师专业化研究的不断深入而不断提升的。早期的研究者认为，教师的个性与素质是成为一个好教师的基础，也就是说，能否成为一个好的老师与后天的努力没有多大的关系，这种观点带有遗传决定论的思想。后期，教师的专业技能被认定为一些具体的教育教学技能，比如普通话水平、书法、演讲能力等。当前，我国师范院校广泛开展的教师技能大赛是这种专业技能观的具体体现。在新课程改革的推动下，情景教学、活动教学等新的课堂教学模式开始出现，教师的专业技能表现为根据具体的教学情景灵活处理课堂教学的综合素质。可见，教师的专业技能是理论学习与实践能力两方面共同提升的结果。

（3）教师的责任意识。

20世纪60年代，联合国教科文组织和世界劳工组织发表了《关于教师地位的建议》，认为“教师对其教导之学生的教育和福祉具有个人的和共同的责任”。可见，教师的责任意识是教师专业成长中的一个重要方面。另外，责任意识是教师个人品质的重要组成部分，而教师的个人品质是其工作富有成效的决定性因素。一个对教育教学和学生负责任的老师，会更加积极地研究教育教学问题，自我诊断、自我发展的能力也比较强；而一个对教育教学和学生不负责任的老师，就可能得过且过，只有在外力的推动下才能实现专业发展。

2. 评价的维度

教师评价涉及评价目的、评价过程、评价实施等众多的维度。在这里，我们主要选取可根据教师的专业发展水平灵活变化的三个维度——评价方法、评价内容、评价周期。

（1）评价方法。

教师评价有众多的分类方法，比如：按教育评价的目的，可分为奖惩性教师评价与发展性教师评价；按教师评价的过程，可分为形成性评价与终结性评价；等。在这里我们主要从评价者对评价对象的控制强度来划分。对于那些没有经验、专业技能水平不高、责任意识又不强的老师，评价者一定要采取严密控制的评价方法，以防止他们阻碍甚至破坏教育的健康发展；而对于那些有经验、专业水平高、责任意识强的老师，评价者可充分授权，让他们自主评价、自主发展。

（2）评价内容。

教师评价的内容应包含哪些方面，不是教师评价权变模式关注的重点。在这里，评价内容是指评价对象自主选择评价内容的限度。也就是说，教师评价应建立规定评价内容与教师自选评价内容相结合的评价内容确定方法。规定评价内容是每个教师都要评的，自选评价内容是教师自己选择、体现其教学个性与特点的个性化评价材料。在教师评价自选内容范围的确定上，可体现权变性。经验水平高、专业技能与责任意识强的教师，可给予更多的自我选择评价内容的权利；而那些经验水平低、专业技能与责任意识弱的教师，应增加规定评价内容，适当减少自我评价内容的选择范围。

（3）评价周期。

教师评价的时间间隔以多长为宜？有没有理想的时间间隔呢？如果时间间隔过长，不能及时发现教师教育教学存在的问题，可能延误教育教学的发展；如果时间间隔过短，教师疲于应付各种评价活动，也可能影响教师的正常工作。那么，怎么确定合适的时间间隔呢？根据教师评价模型，不存在最佳的时间间隔，只有与每个教师专业发展水平最适宜的时间间隔。在评价周期的选择上，也要体现权变性。对于那些能够自己诊断自己存在的问题，有经验的、专业技能突出、有责任意识的老师，评价周期可适当延长；而对于那些还没有多少经验、专业技能一般、责任意识不强的教师，评价周期要适当缩短。

（三）权变型教师评价的建构

1. 构建过程

根据教师评价权变模型（如表4－1），在分析教师专业发展影响因素的基础上，把经验水平、专业技能以及责任意识分为“低”与“高”两个维度；相应地，教师评价方法（对评价对象的控制强度）分为“低”与“高”两个维度，评价内容（评价对象自主选择的范围）分为“窄”与“宽”两个维度，评价周期（评价时间间隔）分为“短”与“长”两个维度。按照教师评价权变模型，可以针对每个教师专业发展的具体情况采取不同的评价方法、确定教师自主选择评价内容的范围、确定教师评价的周期。具体来说，就是：对于那些

表 4-1　教师评价权变模型

评价维度 \ 教师维度	经验水平		专业技能		责任意识	
	高	低	高	低	高	低
评价方法（控制强度）	低	高	低	高	低	高
评价内容（自主选择的范围）	宽	窄	宽	窄	宽	窄
评价周期（评价时间间隔）	长	短	长	短	长	短

经验水平高的教师，可采取低控制（授权式）的评价方法，同时扩展教师选择评价内容的范围并延长教师评价的周期；对于那些经验水平低的教师，要采取高控制（直接控制）的评价方法，同时还要缩小教师选择评价内容的范围并缩短教师评价的周期。对那些专业技能水平高的教师，可采取低控制的评价方法，同时扩展教师选择评价内容的范围并延长教师评价的周期；对于那些专业技能水平低的教师，要采取高控制的评价方法，同时还要缩小教师选择评价内容的范围并缩短教师评价的周期。对那些责任意识高的教师，可采取低控制的评价方法，同时扩展教师选择评价内容的范围并延长教师评价的周期；对于那些责任意识低的教师，要采取高控制的评价方法，同时还要缩小教师选择评价内容的范围并缩短教师评价的周期。

这样在开展教师评价时，就可根据教师的经验水平、专业技能与责任意识的状况，确定具体的评价策略。具体来说教师可分为下列八种情形：

（1）高经验水平、高专业技能与高责任意识的发展阶段。与之相对应的是教龄较长、学历水平较高、富有爱心并立志于奉献的教师。对这些教师，评价可采用授权方式，更多采取教师自我评价的方法；评价内容可主要由教师自己选择；评价周期可适当延长。

（2）高经验水平、高专业技能与低责任意识的发展阶段。与之相对应的是教龄较长、学历水平较高，但缺乏爱心并且没有奉献精神的教师。这些教师，可以说是唯独缺乏了教师专业发展的根本，应在授予自我评价权利的同时注意监控；在允许其自我选择评价内容的同时，强化师德方面内容的考核；评价周期要适当缩短。

（3）高经验水平、低专业技能与高责任意识的发展阶段。与之相对应的是教龄较长、学历水平较低、富有爱心并立志于奉献的教师。评价这类教师应加强评价内容的控制，注意联系与教育教学密切相关的教师专门技能。

（4）高经验水平、低专业技能与低责任意识的发展阶段。这类教师往往以学校中的老资格自居，不积极进取也不对学生认真负责。评价这类教师应适当加强控制力度，采取直接控制的评价方法，缩短评价周期，减少教师自主选择内容的范围。

（5）低经验水平、高专业技能与高责任意识的发展阶段。这类教师往往对应于那些血气方刚的年轻老师，他们学历水平高、责任意识强，唯独缺乏经验。对于这些教师应采用合作的评价方法，加强控制力度，把他们的专业技能与责任意识引导到能够提高教育教学的具体效果上来。

（6）低经验水平、高专业技能与低责任意识的发展阶段。这类教师往往是对教育教学不感兴趣但又不得已入了这一行的年轻老师。对于这类教师应采取直接指导的评价方法，并且加强师德方面的评价。

（7）低经验水平、低专业技能与高责任意识的发展阶段。这类教师有志于做一个好老师，但由于缺乏经验和专业技能，往往出力不讨好。对于这类教师要采取直接指导的评价的方式，传授给他们教学经验。

（8）低经验水平、低专业技能与低责任意识的发展阶段。这类教师是执教年限不长、学历不高、专业技能缺乏，同时又缺少爱心和责任意识的教师。对于这类教师要采取直接控制的评价方法，直接规定评价内容；尽量缩短评价周期。

上述八种情形把教师专业成长的过程（从新入职教师到成功教师）分为了八个阶段，其临界点是新入职教师（低经验水平、低专业技能与低责任意识）与成功教师（高经验水平、高专业技能与高责任意识）。这两个临界点也是评价方式最明确的情形。对新入职教师，应采取直接控制的方法，对他们的教育教学行为给予直接的反馈，直接告诉他们怎么去做。在这个过程中，教师自己选择评价内容的机会基本没有，评价周期要短，以密切关注新教师的成长。对经验丰富的成功教师，要采用授权方法，给予他们更多的自主专业发展和思考的机会，评价周期可适当延长。其他的六种情形要在系统分析教师实际情况的基础上，按教师评价权变模型，灵活确定评价策略。

2. 几点说明

（1）教师专业发展的维度涉及很多方面，在这里只是简单选取了经验水平、专业技能以及责任意识三个维度，我们认为这三个维度是最重要的维度。从评价的维度来看，我们没有拘泥于奖惩与发展等评价理念的不同与区分，而是直接分析了在教师评价过程中可灵活变化的三个维度。其中评价方法主要是从评价者对评价对象（教师）的控制力度界定的；评价内容主要是从评价对象自主选择评价内容的范围界定的；评价周期主要是从评价实施的时间间隔界定的。

（2）为了便于分析这个模型，教师维度与评价维度所涉及因素我们都采取了简单的两分法，而实际上，每个教师的专业发展水平可能分布在从高到低的任何一个阶段；同样，评价方法（控制强度）、评价内容的自主选择以及评价周期的长短也要根据具体的情况灵活确定。

（3）本权变模型有两个理想边界，一个是教师处于高经验水平、高专业技能与高责任意识的发展阶段；另一个是教师处于低经验水平、低专业技能与低责任意识的发展阶段。在两个边界之间，教师的专业发展情况可谓千差万别，绝不局限于我们所讨论的六种情况；在利用这个权变模型时，要注意具体情况具体分析。

（4）教师经验水平、专业技能以及责任意识的确定本身也是一个复杂的过程。尽管工作年限、学历状况、师生交往中所表现出的爱心以及工作过程中的奉献精神能够为确定教师的经验水平、专业技能与责任意识提供一定的参考，但不容忽视的是，教师的专业发展是一个复杂的问题，一定要全面权衡各种情形再确定教师的专业发展阶段。

【拓展阅读】

优秀教师一定要知道的14件事①

第一件事：什么决定了学校的质量——关键在人，不在方案。如果一所学校拥有杰出的教师，这就是一所杰出的学校。做什么不重要，怎么做才是关键。

第二件事：什么造就了积极的课堂——优秀的教师关注期望。在大家的表现都处于空白的新学年之初，让学生明确教师的期望，而不是命令式地告诉他们什么不应该做。要知道学生常常天性逆反。

第三件事：什么是面对“不良行为”的正确态度——成功的教师以防止不良行为为目标，而不是过后的惩罚。每位教师都有一个装有相同工具的“百宝囊”，水平高的教师每天用一两次。

第四件事：应该对谁设立高远的期许——优秀教师对学生怀有很高的期许，对自己的期许更高。

第五件事：谁是课堂的主导者——教师自己。学生的表现应归因于教师，而不应埋怨学生；优秀教师还应该为班级的表现承担责任；遇到事情，首先反思自己的行为，努力改进。他们集中于他们能够控制的东西——他们自己的表现。

第六件事：什么是应该日日奉行的态度和行为——成功的教师每天都以尊敬的态度对待每个人，让学生感觉到老师喜欢他们。成功的教师尤其理解赞美的力量，知道要想达到预期的效果，赞美必须名副其实、具体明确、即刻发生、完全彻底、私下进行。

---

① 优秀教师一定要知道的14件事情[EB/OL].(2011-10-26) Http://www.5156edu.com/page/10-01-04/52565.html

第七件事：教师应该以什么样的面貌出现在学生面前——教师打喷嚏，全班都感冒。成功的教师经常过滤掉不太重要的负面因素，用积极的态度感染别人。想办法让周围的人感觉良好，这样一来事情的结果必定跟牢骚后作的决定有很大的不同。

第八件事：如何维护师生之间良好的情感关系——不挖苦学生，不贬低学生，始终如一地表扬学生、赞美学生，并且及时弥补任何可能造成的损害。

第九件事：什么是可以视而不见的问题——出色的教师有能力排除细小的干扰，能够正确应对不当行为，不使情况恶化。

第十件事：如何全面掌控你的课堂——优秀教师有意布置、调整、改变教学环境。他们的课堂设置、教学方法和时间安排都经过仔细筹划，以达到有助于学习的目的。优秀教师做任何事情都有计划，有目的。他们会不断反省，并做出相应调整。

第十一件事：决策应该以谁为准——不将注意力放在差劲的人身上。成功者会从优秀者的角度考虑问题，不让优秀者失去挑战的空间，也不能让任何一名学生在大家眼里成为教师的宠儿。

第十二件事：想想谁会从你的决策中受益——成功的教育工作者发现，“让做得对的人感觉舒服”是基本规则。优秀教师每做出一项决定都会问自己：这个决定会使谁最舒服，谁最不舒服。他们把每个人都当做好人对待。

第十三件事：如何面对标准化考试——辩证地看待考试。优秀教师关注的核心是学生的学习这个实质性问题。

第十四件事：什么是教师的核心信念——优秀教师关心学生。他们懂得，行为、信念与情感相连，他们理解情感启动变化的力量。让学生去做正确的事情，最优秀的教师能够在课堂上做到这一点。优秀的教师能让关爱在学生们心中传递；优秀的教师先去感动心灵，然后再教育学生。

“教师”这项职业富于挑战性，不断变化，充满活力，也让人精疲力竭。然而，这种职业很有价值，教师的影响力远远超过他们能想象到的任何程度。每一位教师都有影响力，优秀的教师可以创造奇迹！

【拓展阅读】

特级教师的66个秘诀①

1. 用心记住每一个学生的名字

直呼其名相对于不指名道姓课堂效果会更好，把所授班级的学生座次表写出来，上课时放在讲桌上，这样做，有助于记住学生的名字，尽快地了解每个学生。

——著名特级教师　于永正

【点评】教师上课时能熟记并且随时叫出学生的名字，学生就会感到获得了尊重，自然对教师产生信任感、亲切感，这种情况下的教学效果往往会很好。

2. 课前要“胸有成竹”

没有备课时的全面考虑与周密设计，哪有课堂上的有效引导与动态生成。没有上课前的胸有成竹，哪有课堂中的游刃有余？

——著名特级教师　徐　斌

3. 提前三分钟进教室

【点评】老师要提前进教室，便于做好课前准备，同时也可以提醒学生安静下来。千万不要不管班级里怎么样乱七八糟，傻乎乎地开始上课，那样，你很难把课上下去。

——著名特级教师　于永正

老师提前进教室，便于作好课前准备，了解学生的情况，稳定学生的情绪，联络师生情感……有效提高课堂的效率。

① 资料来源：笔者2010年在指导广东高中教师职务培训时，一位学员传到教学平台上的。

4. 巧用课前三分钟

课间休息结束了，一节课开始了，老师应该尽快地让孩子们静下来，兴致勃勃地迎接“智力体操”的开始。老师应该具备这种创设最佳的教学环境的本领，有效地用好上课的前三分钟，使学生对本堂课所要学习的问题产生浓厚的兴趣，将学习变成一种自我需要。

——著名特级教师　李　烈

5. 第一印象很重要

第一节课，如果开头的一段话热情洋溢，板书的第一个字让学生为之赞叹，第一次朗读让学生为之感动，用丰富的表情和机灵的眼神吸引住学生，得体的幽默让孩子笑起来，充满爱意的一次抚摸让学生感到亲切，教学方法的变化让学生感到有趣……那么，你就成功了。如果这样，而且今后也不懈怠，我敢说，你绝对成功了。

——著名特级教师　于永正

【点评】教师的第一节课，应该是拉近和学生的距离，培养学生对这门学科的兴趣；学生的兴趣有了，教师以后的教学就会顺畅些、圆满些。

6. 上课时要充满激情

古人云：“山不在高，有仙则灵；水不在深，有龙则灵。”恐怕课堂也是这样，教师上课的激情就是那山中“仙”、水中“龙”。没有了对教育的热爱，任你教师用再先进的现代教学手段，也只是徒具其形；任你教师用再华美的语言、再动听的语调上课，也不会打动学生的心灵，震撼学生的灵魂。是否可以打个这样的比方：如果说你的激情是平和宁静的，那你的激情就像春日里的阳光，温暖无比，十分适宜禾苗的成长；如果说你是奔腾豪放型的，那你的激情就像夏日里的暮雨，沁人心脾——适宜禾苗成熟。因此，只要热爱孩子，你的平静、平和中藏着的是含蓄的激情曲——你同样会对学生的需求和兴趣爱好产生欣赏，你也会把幽默带进课堂，你还会显得有人情味，更会细心、耐心……所有这些，为课堂气氛奠定的是深沉的激情曲。

——著名特级教师　窦桂梅

【点评】教师上课要充满激情，富有激情的课堂能激起学生渴求知识、努力学习的激情，从而有效调动学生探究问题的主动性和积极性。

7. 做一个真实的人

【点评】真实的遗憾比虚假的完美更加动人，更加具有生命力。

——著名特级教师　张化万

从教学的角度而言，真实更是必不可少的，很多优秀的教师都能很坦率地以“真实的人”的形象出现在学生面前，反而赢得了学生的尊重，学生也因此爱听他们的课。

8. 要了解你的学生

你了解了学生，就会体谅学生的苦衷；你更善良了，就会被学生从心底里接受，你就握着一把钥匙，一把让学生学业成功，也让你自己事业成功的钥匙。

——著名高级教师　郑　杰

9. 给学生自由的空间

每一位学生都有与众不同的兴趣、特长，尊重了孩子的个性、特长，就意味着为孩子提供了自由广阔的发展空间，也就意味着孩子的精神生命能够自由呼吸。

——著名特级教师　李希贵

10. 课堂要立规矩

儿童的天性是好动、好说、好问，有人一刻也坐不住，低年级的儿童不懂什么叫“权威”，什么叫“尊重”，什么叫“民主”，所以一定要给他们立规矩。是规矩，就要和学生约法三章——上课应该怎样做，不能怎样做；违反了，老师要怎样处分；等。

——著名特级教师　于永正

【点评】积极、向上、有序的课堂规则，会使师生之间目标一致，形成愉快和谐的课堂气氛，从而促进学生养成良好的课堂行为，激发学生的成就动机和进取心。

11. 给学生一个期望

教师热爱学生，对学生抱有期望，并把这种期望付诸思想教育的过程；经过一段时间的努力，这些学生常常会如教师所期望的那样不断进步。

——著名特级教师　李元功

12. 和学生有个约定

孩子的潜力是很大的，教师充满深情的眼神、笑貌，给孩子赞扬、肯定，滋润学生的心田，焕发他们的自尊、自信、自爱、自强，激荡起孩子幸福、欢乐、奋发、向上的激情，他们会显得特别活泼、开朗，与老师的感情也会特别融洽，自然会生发求知欲望。孩子一旦和老师有约定，被老师寄托了期望，在他的身上就会产生“皮格马利翁效应”，他们的智力、情感、甚至个性都能顺利成长，“学生个个都可雕琢”的神话就变成了现实。

——著名特级教师　詹明道

13. 课堂管理要管放有度

清代的冯班曾指出：“师太严，弟子多不令，柔弱者必愚；强者怼面严，鞭扑叱咄之下，使人不生好念也。”什么事过了头，都会走向反面。要像孔子说的那样，做到“温而厉，威而不猛，恭而安”。

——著名特级教师　于永正

【点评】教育是一门爱的艺术，教育不能没有爱，就像池塘不能没有水一样，没有爱就没有教育；而“爱而不宠”就要求严之有情、严慈相济。

14. 要有一个平和的心态

经常听教师们说课堂教学效率不高，我觉得一个重要的原因就是教师的心态不平和。如果教师上课时满脸的不高兴，一开口就批评孩子，那么，课堂上只有教师和学生紧张的、糟糕的情绪，这种情绪不利于学生展开积极有效的思维活动。

——著名特级教师　张化万

【点评】教师保持平和的心态是正确对待学生犯错误、帮助学生有效改正所犯错误的关键所在。

15. 要有一颗包容的心

作为教师，对待学生应严而有格、宽而有度。儿童尽管小，但是“冷暖自知”，在今后的日子里，他们会珍惜教师的这份信任和期盼，所以包容是引寻学生走出困境的一帖良药。

——著名特级教师　张化万

【点评】教师的包容是学生自信心的保护伞，是学生发展的一种动力，为学生的成长留足了自主反思的空间。

16. 把爱给每一位学生

教师要尊重每一位学生，关注每一位学生，满足并提升每一位学生的发展需要。用爱唤起每一位学生心底的学习热情是教师的重要责任。

——著名特级教师　吴正宪

17. 保持亲和力

教师的亲和力本质上是一种爱的情感，只有发自肺腑地去爱学生，才能真正地亲近学生、关心学生，也才能激发学生对于知识的追求。只有把学生当成自己的孩子，当做自己的亲密朋友，才能容忍学生的缺点，尊重他们的话语权，才能控制自己的情绪，做到以理服人、以情动人。

——著名特级教师　孙建锋

【点评】“亲其师，信其道”，教师的亲和力，可以赢得学生的尊敬和信任，获得学生的宽容和理解。

18. 赏识你的学生

走进课堂，我的口袋里总是揣满了“高帽子”。因为我知道赏识能使人愉悦，赏识能使人快活，赏识能激发人的潜能，赏识能使人心智开启、灵感涌动。

——著名特级教师　孙双金

【点评】蹲下来欣赏学生，使学生获得一种被关注、被关爱的情感满足，使学生在获得知识的过程中，始终伴随着理解、信任、友爱、尊重、鼓舞的心理体验；通过赏识教育，学生也能学会去欣赏别人，这对他们的成长至关重要。

19. 切记：爱的力量是无穷的

爱心贴近童心，它会让学生爱学、乐学、好学。

——著名特级教师　丁谷怡

【点评】美好的人生是为爱所唤起，并为知识所引导的，从这一角度讲，学生美好人生的开启掌握在我们教师手中，教师的爱心能使学生更健康地成长。

20. 让学生在幽默和笑声中学习

课堂上学生的笑，既是一种愉悦感受的表达，也是一种对知识理解的表露。教师在教学活动中恰如其分的、诙谐幽默的语言，常常会引发阵阵笑声，这种幽默往往会比清晰的讲述更有吸引力，它会使学生在这种轻松的氛围中理解概念，更会激发学生对学习的热爱。

——著名特级教师　李　烈

21. 学会倾听孩子们的心声

课堂上，没有比倾听孩子们心灵的声音更幸福的了。

——著名特级教师　李镇西

【点评】教育的目标是为了培养人。作为教师，应该俯下身来听听学生的心灵之音，重视他们的喜怒哀乐，关注他们的情感倾向。

22. 尽量多给学生发言的机会

教师要善于调动每一个学生的积极性，多给学生发言的机会，还可以把举手发言变成小组讨论，然后选代表汇报讨论结果；代表要经常更换，不要固定。有的学生发言占用时间过长，影响其他学生的发言，对此，要有时间上的规定，表述要简洁明了；如果有的学生说起来没完没了，教师就要提醒，甚至请其暂时停止发言。总之，要尽量多给每个学生发言的机会。

——著名特级教师　程　翔

【点评】学生是学习的主人，是学习的主体，教师是学生学习组织者、引导者、合作者，教师要善于调动每一个学生的积极性，多给学生发言的机会。

23. 让你的眼睛会说话

课堂上，我的眼睛不是盯在教案上，也不是盯着正前方，而是用来和学生进行情感交流，这样做，不仅是为了让学生学得轻松，而且可以在教风上为学生做个示范。

——著名特级教师　聂在富

【点评】眼神是一种丰富的无声语言，在教学过程中，有时一个恰当的眼神可胜过几多苦口婆心的长谈，收到“无声胜有声”的效果。

24. 老师，请注意您的语调

我讲到主要的地方就重复一遍，讲到快乐的地方就露出微笑，讲到愤怒的地方就情绪高亢，讲到悲伤的地方声音就变得低沉。但是，这种“高低轻重的变化”是有要求的，即语调在其主旋律上应保持清新、平稳，在平稳之中再加以变化，做到“稳中有变”。

——著名特级教师　斯　霞

【点评】语调在教师的语言艺术修养中占有很重要的地位，恰当的语调能使其语言平地生辉，具有磁铁般的吸引力，能起到较好的教学效果。

25. 恰当地使用肢体语言

恰当地使用肢体语言，可以让学生感到你的真诚和亲昵，拉近师生的距离，如抚肩、握手、贴贴学生的脸蛋等。

——著名特级教师　于永正

【点评】恰当地使用肢体语言，可以让学生感到你的真诚和亲昵，拉近师生的距离，把教学工作提高到一个新的水平。

26. 身教重于言教

教师对学生不仅仅是传授知识，还时时刻刻在以自身的人格魅力、对工作的态度以及一点一滴的所作所为影响着学生。对学生而言，教师的人格力量的作用是无声的教育，对学生的影响比单纯的说教大得多。学生以自己的视角在观察着社会，观察着老师，不但听老师怎么说，更在看老师怎么做。因此，身为人师必须严于律己，用自己的良好行为，给学生示以做人的榜样，永远留给学生一个美好的形象。

——著名特级教师　李　烈

27. 把握好课堂提问的时机

教师通过精心设疑、提问，让学生思考、回答，能引发学生思维的强烈冲突，充分开启学生的心智，使学生的思维处于高度兴奋状态，这样，学得的知识印象深刻、记忆牢固，还能调动学生学习的积极性，启发性极强；在学生精神焕散时，用提问的方法还可以集中学生的注意力。

——著名特级教师　嵇明海

【点评】教师精心设疑、提问，学生通过思考、回答，能引发学生思维的强烈冲突，充分开启学生心智，使学生的思维处于高度兴奋状态，学得的知识印象深刻、记忆牢固。

28. 努力实现有效教学

对于孩子们的学习来说，第一是兴趣，第二是兴趣，第三还是兴趣。当孩子们兴味盎然地投入到学习中时，学习就变成了一种特殊的享受，变成了一种精神的需要。无论什么理由，一个老师让学生不喜欢自己所教的学科了，这个老师的教学就失败了。

——著名特级教师　于永正

【点评】课堂教学要努力激活学生的学习思维，这才是课堂教学有效性的真正表现。

29. 走下讲台，到学生中去

老师站到学生中间，忘掉自己是老师，不是刻意在寻找一种感觉，而完全是以一颗童心在心理上和学生相容。这是师生之间全方位的信任，是一种真正的师生情。

——著名特级教师　李　烈

30. 让学生在课堂上有“问题”

教师要转变观念，培养学生敢于提问题、善于提问题的习惯和能力，这是教师肩负的责任之一，也是评价教学质量的标准之一。

——著名特级教师　李　烈

31. 让生成成为课堂的亮点

新课程倡导在互动中，教师、学生的思想和教学文本不断交汇碰撞，让创造的火花不断迸发喷射；新的信息、新的学习需要不断涌动产生，通过讨论、辩论、争论，认识不断提高、体验不断加深、情感不断升华，这就是生成性的课堂。这样的课堂，学生拥有了创造的机会，获得了全面的发展，教师的劳动也闪耀着智慧的光辉，闪烁着五彩的生命原色，这才是课堂教学的理想境界。

——著名特级教师　于永正

【点评】在课堂的精彩生成中，学生拥有了创造的机会，获得了全面的发展，教师的劳动也闪耀着智慧的光辉，闪烁着五彩的生命原色。

32. 控制好课堂的“活”

老师不要经不住课堂上的沉默，因为，只有活跃气氛而没有屏神思索和思维交锋的课堂不是健康的课堂。

——著名特级教师　李希贵

【点评】评价课堂教学乱不乱，关键要看学生是否将注意力集中在有效的学习上；形散神不散，这样的课堂教学就不叫乱。

33. 将游戏引入课堂

教会学生读书、读人、读生活；教会学生在玩乐、游戏中发现真善美。

——著名特级教师　张化万

【点评】游戏是少年儿童非常喜欢的一种趣味性活动，将这种活动引入课堂，不仅可以发展学生的形象思维，加深对教学内容的理解，而且更适合学生的心理特点。

34. 经常梳理自己的课堂

自我反思是教学过程的一个必要环节，是提高教学效益的重要途径，又是教师积累教学经验的有效方法。不断进行教学反思，努力做一个反思型教师，可以获得宝贵的经验、教训，及时发现新问题，激励教师把教学实践提升到新的高度，实现教师的自我超越。

——著名特级教师　王海平

【点评】经常梳理自己的课堂，有助于调整自己的教学心态，改进自己的教学方法，促使自己从经验型向科研型方向发展，提高自己驾驭课堂教学的能力。

35. 给学生展示自我的机会

要帮助学生树立自信心，教师就必须在教学活动中为学生提供表现的机会，让学生在实践中体验自信；注意给每个学生表现自我的时间和空间，让学生们在自我表现、自我展示中强化自信。

——著名特级教师　李　烈

36. 平等、民主的课堂很重要

在课堂上一定要尊重学生，建立和谐、平等、民主的师生关系；在课堂教学活动中，教师绝不能“居高临下”，而要把自己看做是与学生在一起学习的参与者、探索者。

——著名特级教师　李　烈

37. 善待学生的错误

在学习过程中出现错误是孩子的权利。出现错误后是孩子最容易丧失自信心的时候，老师一定要给予关注，并且给其改正错误的机会。

——著名特级教师　李　烈

38. 让学生自己“认错”

学生犯错误不承认，是个棘手的问题，教师说服批评甚至训斥，往往收效不大，学生依然如故，有的甚至变本加厉。学生做错了事，有时还并非是学生的错，我们应该允许学生犯错，也允许他沉默；可是我们教师为了维护自己的尊严，往往没有耐心听完学生的申辩，或不作调查就不分青红皂白、痛加训斥，直训得学生不声不响，才以为达到教育目的。其实，不允许学生申辩，非但不能奏效，还会带来一些负面的影响，使学生产生一些不良心理。自尊心和耻辱感是促进学生产生自我教育愿望的直接情绪因素，是进行自我教育的前提条件；一个人有了自尊心和耻辱感才会自爱、自重，做了错事才会自责。因此，教师的职责也在于保护学生的自尊心，利用他们的耻辱感进行正面引导，这样既可拉近学生与教师的心理距离，又能保证教师在学生心目中的地位、价值，从而真正实现教育的目的。

——著名特级教师　华应龙

【点评】教师对学生犯的非原则性的错误不必去严厉地指责和处罚，而应帮助他们进行必要的分析，使他们认识自己的错误。

39. 善意“忽视”不良行为

心中藏着爱意和善意，有着民主和尊重，它一定会自然地流露，这种流露，便是一种非常简洁的教学风格，一种令人陶醉的教学艺术。

——著名特级教师　于永正

【点评】教师应在善意的“忽视”中流露出对孩子的爱和尊重；善意地“忽视”学生不良行为，有意识地关注其积极的行为，有利于学生健康发展。

40. 表扬为主，批评为辅

教师教育学生的方式是多种多样的，其中表扬与批评可能是最常用的两种方式了，我认为应该以表扬为主，这样可以增强孩子的上进心和自尊心，从而产生一种积极进取的动力。特别是当孩子犯了错误，在严厉批评的同时，还要鼓励孩子，肯定他的积极因素，增强孩子克服困难、改正错误的信心和勇气。表扬和批评看来很简单，但在实际生活中很难掌握好，尤其是“适当”的尺度，需要在实践中不断地摸索；只有善用表扬与批评这两种手段，才能达到最佳的教学效果。

——著名特级教师　刘永宽

【点评】教师要善于发现学生的思想火花，给予及时、适当的激励，让学生的积极性得以发挥、兴趣得以调动；同时对学生的错误应及时加以纠正，促进其健康成长。

41. 把握好公正的天平

人们总是不自觉地喜欢一些美好的事物，老师也是一样，对成绩好或是守纪律的学生总是有些偏爱。这无可厚非，但是我们更要时刻提醒自己：不能戴上有色眼镜去看待成绩和表现不佳的学生，我们不应该在这些后进生表现差强人意的时候只是一味地指责，更不能不分青红皂白将错误全部归于他们。老师的不公可能会引起学生之间的互相排斥，进而影响到一个集体的凝聚力，所以，一个老师要尽量做到公平，让每个学生都感觉到老师的关心，让每一个学生都在老师的带领下团结一致。

——著名特级教师　于　漪

【点评】要使爱的教育真正具有公正性，教师就必须具有一颗无私的心，要随时随地注意防范和克服自己认识上的主观性和片面性。

42. 善于委婉地劝诫

批评学生的过错，一定要事实确凿、批评得恰当中肯，这样孩子才能消除抵触情绪，才能体谅老师的良苦用心，从而认识错误，产生自责、内疚的心理，为改正错误打下思想基础。批评的言辞、态度一定要适度，要符合孩子的承受能力；如果违背适度原则，只凭主观愿望进行批评，很可能会超过孩子的承受能力而无法达到预期的目的。

——著名特级教师　詹明道

【点评】当学生出现错误时，教师一定要注意教育的方法。委婉的语气，既可以保护学生的自尊心，又可以让学生感受到老师的帮助和期望。

43. 尽量不当众批评学生

若是你当众宣布学生的过失，使其无地自容，他们便会失望，而制裁他们的工具也就没有了；他们愈是觉得自己的名誉已经受了打击，则他们设法维持别人对其好评的心思也就愈加淡薄。

——著名特级教师　詹明道

【点评】尽量不当众批评学生，这样既保护了学生的自尊心，又尊重了学生的人格。有时一个真诚的微笑、一个善意的眼神、一句轻微的责备、面带微笑轻声细语地分析开导、一个轻轻的拍拍肩膀的动作，都能收到事半功倍的教育效果。

44. 正面教育效果好

学生犯错后，教师假如能对其进行耐心细致的正面说服教育，会取得比较明显的效果；反之，挖苦、嘲讽或者是压制，结果只能是适得其反，甚至会使教师在学生中的威信丧失。

——著名特级教师　刘德武

【点评】课堂管理要以正面引导为主，以学生为本，通过正面教育使学生心悦诚服，从而能自觉克服其不足，逐渐形成良好的道德行为习惯。

45. 榜样的力量是无穷的

在课堂管理中，树立榜样，相当于在集体中确立了一个坐标系，使学生感觉到有压力、有动力，帮助他们明确努力的方向。榜样的力量是无穷的，对于模仿力比较强的学生来说，有榜样就能够给他们压力，给他们动力，只要在适当的时机推出适当的榜样，就能够激发学生们的动力，使得他们能够以积极竞争的心态去面对学习，不断取得进步。

——著名特级教师　华应龙

【点评】榜样的激励作用远比说服教育更具说服力和号召力，更易引起学生情感上的共鸣，激起学生模仿和追赶的愿望。

46. 帮助学生赢得信心

对学生来说，家长、老师无疑是权威人物，他们对孩子的期望或评价无论是积极还是消极的，都会触及孩子的心灵，都会对孩子自信心的确立起到举足轻重的作用。自信是人追求成功的一种意念，是坚持走向成功的一种意志，是一种巨大的潜能，因此无论是教师还是家长，都要切记——孩子的自信是学好的关键。

——全国优秀教师　金荷华

47. 巧用个别谈话

有些学生，在师生良好的第一印象作用下，“装样儿”也就能装十天半个月，之后，一些问题就开始暴露了。这时的谈话，我丝毫不流露出早已了解了他的过去，而是把他当做一个“很不错”的学生；现在出现了错误，我总是先诚恳地讲述他开学以来的种种优点，然后再指出他的问题，提出批评和希望。这样的谈话使学生感到“我在老师眼里并不是差生”，感到“开学以来的努力没有白费，我是个好孩子，克服了老师提出的缺点会更好”；这样的个别谈话起到了“加油”作用，并且在师生间建立起了信任感，孩子会更爱自己的老师，也会更爱听老师的话。

——著名特级教师　李　烈

【点评】个别谈话使教师避免了与学生在课堂上正面发生冲突，同时也呵护了学生的自尊心，容易进入学生的内心世界，从思想上转变学生的错误认识。

48. “一帮一，一对优”

尽量鼓励好的学生、优等生去帮助学习困难的学生，在学习上互帮互学，消除学困生的畏惧情绪；用学生自己的语言讲解，又便于学困生及时提问；学生互教互学，有利于取长补短，增进友谊。

——著名特级教师　宋运来

【点评】“一帮一，一对优”能有效地发动优等生帮助差生，使学生能互教互学，有利于取长补短、共同进步，并增进同学间彼此的友谊。

49. 适度的惩罚是必要的

惩罚，是教育的一个重要组成部分，必要的惩罚，是让一个人健康成长必不可少的营养剂。孩子从小在一片赞扬声中成长，这固然对树立信心有好处；但是一个人如果没有受到过惩罚，他也会禁不起挫折，不能敢于承担责任。在孩子犯错的情况下，对其进行适当的惩罚是必要的，但一定要在尊重孩子人格、维护孩子自尊心的前提下进行。

——著名特级教师　于永正

【点评】教师适当地惩罚学生不是害学生，而是爱他们；孩子需要成功，同时也需要失败的磨砺，要让他们从失败中体验成功的快乐。

50. 小心呵护学生的自尊心

学生的自尊心是很容易受伤害的，一些学习较差的学生尤其如此。有时候，教师不恰当的一句话、一个动作，甚至只是一个眼神，都可能造成对学生的伤害；而学生一旦受到伤害，再要他们主动积极地参与到教学过程中来，就不大可能了，这时，教师往往要用十倍的努力才能弥补自己一时疏忽造成的损失。在这一点上，教师真该像保护自己的眼睛一样，小心翼翼才是。

——著名特级教师　钱梦龙

【点评】教师要用心保护好学生的自尊心，要适当地给学生留一些成长的空间，不要把他们的颜面一扫而净，这样才保护了学生成长的动力。

51. 多看学生的闪光点

经验表明：在批评中长大的学生，会养成自卑、指责、挑剔的习性；在表扬中长大的学生，则会养成自信、欣赏、合作的习性。作为新时代的教师，必须学会用放大镜看学生的优点，在充满宽容和鼓励的气氛中，让我们的学生少一点自卑、多一些自信，少一点指责、多一些欣赏，少一点挑剔、多一些合作，从而走向人格独立、身心健康的理想彼岸。作为教师，无论何时何地，要想点燃每一个学生的心灵，就必须学会用放大镜看学生的优点。

——著名特级教师　王　勤

【点评】教师要善于挖掘学生身上的闪光点，多鼓励表扬他们，将他们融于班集体这个温暖的大家庭中，让他们感受到大家庭的温暖，从而使其正确地认识自己、努力学习。

52. 巧设物质奖励

不同的学生对表扬与奖励的反应不同，故应因人因时因地采取不同的表扬与奖励方式，这一点要求教师要严格地分别，即：是口头表扬还是以光荣榜的形式写出来，是当众表扬还是单独谈话时称赞，是精神表扬还是物质奖励。对经常调皮捣乱、破坏纪律、人缘不好的学生，当众表扬他，这样可以帮他恢复名誉，创造利于学生养成优秀品质和行为的环境；对性格内向、成绩落后的学生，找他单独谈心，表扬他遵守纪律的优点，鼓励他上课大胆发言、积极参与活动，改进方法，提高效率；对考试进步大的学生，发几个作业本给他以示奖励。这样运用不同的方法针对不同学生进行表扬，效果会很不错。

——著名特级教师　嵇明海

【点评】教师应慎用物质奖励的方法，过频的物质奖励容易使学生养成追求物质享受的不健康心理，物质奖励要以有利于学生的学习和全面发展为前提。

53. 把握激励的最佳时机

适时地赏识、激励学生，对其实施发展性评价，往往会收到意想不到的效果，会让很多不起眼的学生找到自信，看到宝贵的自我价值，从而点燃内心从未熄灭的希望之火，奋发努力。

——著名特级教师　李吉林

【点评】把握激励学生的最佳时机，能有效地促使学生内心的消极情绪转化为积极情绪，并化为良好的行动，去实现预定的目标。

54. 慎用课堂语言

教师的语言必须以正面鼓励为主，任何时候都不能伤害学生，即使批评也要充满激励性，教师的语言应该像“雪中炭”“六月风”，应当把自尊、自爱、自我调整的权力留给学生，而教师自己则主要起点拨、引导和激励的作用。

——著名特级教师　于永正

55. 用心对待“个别生”

学生总是有差异的，特别是一些智力稍差的学生；如何帮助他们成功，需要教师特别“用心”，找到突破口，有针对性地因材施教。

——著名特级教师　刘永胜

56. 签订课堂管理合同

以口头或书面的形式给学生规定应尽的义务，指出学生在执行或未能执行合同要求的情况下，应得的奖励或惩罚。这种方法在一定程度上可以有效地促进课堂管理。

——著名特级教师　宋运来

57. 用好学生进行舆论监督

一个人从生下来，对他影响最大的就是周围的环境，而学生交往的圈子最多的就是班集体，学生犯错时他可能不怕给自己的处罚，但是他一定在意大家对他的看法；如果大家一致“攻击”他，都指责他的错误，那么学生受到的教育和制约就会远远大于老师的批评和说教。老师要抓住这一点，利用群众监督的力量，号召大家批评犯错同学，让他们在“寡不敌众”中明白错误，进而修正自己的行为。

——著名特级教师　孙双金

【点评】群众监督是一种潜在的、无形的教育力量，它能在学生心里形成一道屏障，影响、制约每个学生的心理，规范、激励每个学生的行为。

58. 给孩子认错的勇气

孩子年龄小，对自己的某些行为还不能很好地控制，甚至不知道会造成怎样的结果。当孩子出现问题时，只有找到孩子错误的根源，对孩子要进行细致、耐心、理智的教育，给孩子认错的勇气，才能帮助孩子战胜错误。孩子年龄虽小，但他们也有自尊，也有丰富的内心情感，不能采取简单生硬的批评，那样会伤害孩子的自尊心。为了达到教育的目的，既要心照不宣地保护好孩子的自尊心，又要给孩子认错的勇气，让他们在宽容的气氛中接受教育。

——著名特级教师　于　漪

59. 教师要有爱心、恒心和耐心

对于学困生，说来我的做法也简单，首先就是要有爱心和恒心。

——著名特级教师　王　凌

60. 放宽胸怀，学会等待

一个孩子的转变和成长需要一个过程，期待学生的成功要有耐心、有信心，教师要善于等待，善于寻找和挖掘孩子的闪光点。

——著名特级教师　霍懋征

【点评】教师放开胸怀，学会等待，不是消极的无所作为，而是一种积极、主动的心灵召唤，目的是为了让学生能自由、全面地发展。

61. 不要放大孩子的缺点

著名教育家陶行知说过："你的教鞭下有瓦特，你的冷眼里有牛顿，你的讥笑中有爱迪生。"任何一个孩子都需要教育者积极的教育眼光，需要教育者一个个真诚的微笑和鼓励，那是他们成长的动力和源泉。教师应该以宽容的态度观察和处理特殊学生的独特问题，任何一个孩子都需要教育者积极的教育眼光去观察，需要教育者真诚的微笑和鼓励，那是他们成长的动力和源泉。

62. 尽量赢得家长的支持

对所有家长都要以礼相待，不要在家长面前指责学生。对任何学生要首先肯定他的长处，把优点放大，也要让学困生的家长树立信心。

——著名特级教师　于永正

【点评】“父母是孩子的第一任老师。”教师要想成功地教育好学生必须得到父母们的支持，教师必须保持与家长间很好的交流和合作。

63. 学校里没有相同的课堂

世界上没有两片相同的树叶，学校里也不应该有一模一样的课堂；不同的班级只有灵活地采用不同的管理策略，才能获得理想的课堂管理效果。

64. 用心呵护课堂的秩序

为了保证教学工作的实施和教学目标的完成，教学必须有稳定的课堂秩序，教师要把握好课堂的走向，处理好学生与教学的关系。

——著名特级教师　于永正

【点评】建立完善的课堂秩序，能有效地把学生的注意力吸引到学习上来，把花费在维持纪律上的时间减少到最低限度，大大提高教学的效率。

65. 课堂的每一天都应该是新的

教师不能“老”。经验固然可贵，但课堂上学生的思想和行为都是“新”的，教师要以发展的眼光去看待学生。教育教学的每一天都应该是新的，教学需要创新，创新能给课堂注入活力，创造奇迹。

——著名特级教师　薄俊生

【点评】课堂的每一天都应该是新的，教师不但要用赏识的眼光看待学生，而且要精心设计每一堂课，让课堂充满勃勃生机。

66. “课堂”管理功夫在课外

东坡先生云：“博观而约取，厚积而薄发。”确实，老师们只有重视课外功夫的积累，时时注意自己知识的“厚积”，对有利于教育教学工作的学问，处处留心，兼收并蓄，才能得心应手地做好课堂管理工作。

——著名特级教师　杨一青

【点评】教师们要重视“课外”功夫的积累，时时注意自己知识的“厚积”；同时也要意识到课堂也是学生自我管理的过程，注意培养学生“课外”学习的自主性。

第五章

发展性课堂教学评价

一、发展性课堂教学评价的基本理念

（一）“为了孩子的未来成长”

在外部评价的约束下，有些教师设计课堂教学的唯一出发点是如何保证学生的学业成绩，全然不顾学生的未来成长。这是发展性课堂教学评价必须避免的错误导向。

从过去做学生到现在为老师，我一直在考虑一个问题，做老师最基本的原则是什么？每当想到这个问题，我就会想起两位语文老师。这两位在初中学习期间前后教过我的语文老师，因其鲜明的对比及对我学习历程的影响，使我久久不能忘怀。

初中学习生活开始的第一堂课是语文课，我们迎来了一位年轻的女老师。她美丽的笑容至今还深深镶嵌在我的大脑里。一想到她的笑容，我就坚信作为老师在课堂上一定要有开心甜美的笑容。她与其他老师不同的上课方式，也让我们耳目一新，并且使我们慢慢开始阅读、欣赏文字。她充满感情地朗读诗文，让我们如痴如醉；她系统全面地介绍文章的写作背景，让我们产生身临其境的感觉；她让我们在课堂上讲故事，表达自己的思想；她让我们轮流讲解自读课文，锻炼我们的能力。总之，这位老师的语文课堂总是那么的生动活泼，我们都乐在其中，不能自拔。那时，上语文课成为我们最期待的事情。

可惜，一年之后，我们却不得不面对更换语文老师的现实。在成绩就是一切的背景下，第一位语文老师以我们喜欢的上课方式没能取得“好”成绩，几次考试班级成绩都名列年级中偏上的位置，而我们班是所谓的“重点班”，承担着体现学校办学成绩的重任。学校领导认为语文成绩拖了我们整个班级成绩的后腿，所以，打算给我们班安排学校历年来教学成绩最优异的老师。

于是，我们迎来了第二位语文老师。在这位老师上课之前，我们都充满了期待，因为我们知道这位老师的教学成绩非常突出，在我们学校是小有名气的“明星教师”，他所带的毕业班每年的中考语文成绩都在全县名列前茅。可从这位老师开始上课的第一天起，我们的噩梦就开始了。第一堂课，一上来这位老师就明确地说，语文课堂教学要密切联系中考，并且要求我们上课一定要记笔记。接下来的上课过程是我们始料未及的——打开课本，每一篇课文，按自然段把历年中考出现过的考点、题目通过他讲我们记的方式记在课本上，整整记了一堂课，手腕都累得发酸。下课前，老师强调，下堂课前十分钟考这节课记的内容，课后一定要注意复习识记。第二堂课，经过十分钟的紧张考试后，接着记下面的内容。在接下来两年的时间里，我们的语文课堂就是在考试与记笔记中度过的。不过，这种上课方式，效果显著，在中考中全班同学都取得了理想的成绩（当时中考语文考试主要考查课本上的内容）。但进入高中后，我们发现语文成了我们学习进程中最大的障碍。因为，在高中阶段，语文考试的大部分内容都不是课本上的，以前习惯的那种语文学习方式失灵了。最终在高考中，我们班的同学语文成绩都不是很理想。

两位语文老师，两种典型的上课方式，如何评价他们呢？我一直在思考这个问题，尤其是在新课程改革的背景下。第一位老师注重培养我们对语文的兴趣以及语言文字的应用能力，可以说这是一种对学生未来发展负责的教学方式；第二位老师注重培训我们的应试能力，为我们顺利升入高一级学校提供了一条捷径，可以说这是一种对学生当前负责的教学方式。作为一个老师，在开展教学活动时，在学生未来发展和学生当前升学考试之间进行选择是一个艰难的过程。最理想的方式是两者兼顾，这也是很多课改专家给一线教师的建议；但在现实的教育教学活动中，受时间与精力的限制，广大教师只能两者选其一。我的两位语文老师就作出了不同的选择，不同的选择在一定程度对学生的发展造成了直接的影响。作为老师，你会选择什么呢?

（二）共同探究未知知识

课堂教学的基本出发点是激发学生的探究、学习兴趣。这就要求教师在上课过程中要避免重复讲解学生已经掌握的知识和内容，把主要的精力放到学生没有掌握或通过自学不能把握的知识点上，这样才能激发学生参与教学过程进行共同探究的兴趣。另外，教师上课也不能满足于简单地把知识传授给学生，而是要通过课堂教学设计，激发学生主动学习的欲望和兴趣，也就是说教师上课不能满足于教会学生，让学生没有问题，而是应该让学生在上课过程始终有一种带着“悬念”急于找寻答案的心态，从而在课后能够追问或想办法自己寻找答案。

有一个故事也能够说明这个问题。一个国外的教育考察团到上海参观学习，在走了几所学校，听了一些课后，中外双方坐下来进行研讨。教育考察团中一位老师直言不讳地说：“今天听了几节课，我发现老师在课堂教学过程中提出的问题，学生都会了。既然学生都会了，老师在课堂教学中还有必要讲吗?”这个故事直接反映了中外课堂教学的根本差异，也启发我们重新思考什么样的课堂教学是好的课堂教学。好的课堂教学不应该在学生已知已会的知识上浪费宝贵的时间，而应该把主要的时间用于与学生一起探究学生未知的知识上。

（三）培养学生的学习方法

联合国教科文组织出版的《学会生存》一书的作者埃德加·富尔

曾精辟地指出："未来的文盲，不再是不识字的人，而是没有学会学习的人。"人类社会正处于一个知识爆炸的时代，人类创造知识的速度已经远远超越了个人的接受知识的能力。在这样一个时代，如果我们还是固守知识传递的教学逻辑，那么就远远落伍了。作为老师，在课堂教学中，要相信学生的自学能力，要注意学法指导，而不是只顾自己去讲。从一定意义上来说，老师讲得多并不见得就好，现在中小学课堂教学改革的一个基本判断是"老师讲得太多了，而不是太少了"。这种以老师讲为主的灌输式课堂教学模式，忽视了学生学习方法的培养，不利于发挥学生的自学能力。洋思中学的发展历史可以给我们一些启示。作为一所农村薄弱学校，在上个世纪 80 年代的时候，学校没有几个像样的老师（基本都是代课老师），按照时任校长蔡林森的说法："没有几条枪是能够打响的。"看到当时这种情况，蔡林森感觉到与其让这些老师讲，还不如让学生自学。于是，他采取了非常规的做法，从 1986 年开始，洋思中学的老师不用上课了，只要在课堂教学期间，看着学生当堂完成作业就可以了。只有学生通过自学弄不懂的，老师才去指点一下。令人想不到的是，这种非常规的做法竟然取得了很好的成效，在不断修正的基础上，这种模式逐步演变成今天很多人都知道的"先学后教，当堂训练"教学模式。

（四）师生真实的生命体验历程

华东师范大学终身教授叶澜女士曾深刻地指出，课堂教学是师生真实的生命体验历程。既然是生命历程的构成部分，那么课堂教学就是动态生成的、是师生共同建构的；既然是师生共同建构的，那么信息的沟通及明确是一个必然的前提。但是，现在我们绝大多数的老师并不敢把自己的教案在课前发给学生，担心学生看后，自己在课堂上没东西好讲了。这已经成为当前课堂教学效率不高的关键原因。东庐中学讲学稿的产生过程也可以给我们一点启示。东庐中学的课堂教学改革是"从一场作秀的公开课开始的。当时，东庐中学濒临撤并，陈康金作为留守校长，有点不甘心，总希望有个机会，能够改变学校的命运。于是，他主动到市教研室申请在东庐中学做一次数学公开课（陈校长是教数学的）。把这个任务领回来后，其他教师都认为陈校长瞎折腾，学校都快撤并了，还弄这些，没意义，所以都反对。但是陈校长说："既然已经把任务领回来了，不可能再退回去了。所以，我们数学科组集体整一个教案出来'糊弄'一下吧。"教案弄出来后，谁也不想上这节公开课。于是，陈校长说："既然大家都不愿意上，那么就让最年轻的老师试上一下，看看效果怎么样，后面再确定谁来上这节公开课。这对年轻老师来说，也是一个提高自己的机会。"科组里最年轻的老师试上了一次，效果还不错。可直到公开课的前一天，还是没有确定谁来上这节公开课。实在没办法，只能科组开会，以确定谁来上。在大家都表达了不愿意上的想法后，陈校长说："我提一个建议，还是让上过一次的年轻老师来上，并且在试上的班级来上这节公开课。原因有两个：一是上过一次，熟悉，容易把握；二是学生知道上课的流程，容易配合。"于是，大家同意了陈校长的建议，那位最年轻的老师也没有再推辞。结果，这次公开课很成功。上午公开课结束后，陈校长就召集教师开会，讨论公开课成功的原因。大家认为成功的原因主要有以下几点：第一，集体备课，发挥大家的智慧；第二，学生知道了上课的设计，教学过程更流畅；第三，上过一次，相当于把教案提前发给了学生，学生配合更好。于是，东庐中学正式开始了以集体备课为基础的"讲学稿"课堂教学模式改革。

【拓展阅读】

一堂好课有哪些基本要求

时下，教育界带有作秀和表演成分的"公开课""观摩课"开展得轰轰烈烈。一些学校也敞开校门，邀请家长及社会人士参与观看教师是如何上课的。但是，怎样评价一堂课上得"好"还是"不好"，包括有些教师在内，都还是一个模糊的概念。

近日，有幸采访到我国教育界权威专家、华东师范大学终身教授叶澜女士，请看她是如何评价一堂好课的。

叶澜认为，一堂好课没有绝对的标准，但有一些基本的要求。就她倡导的“新基础教育”而言，大致表现在5个方面。

教师讲的学生都知道，何必再上课？

基本要求（1）：有意义

叶澜说，在一节课中，学生的学习首先是有意义的。初步的意义是他（她）学到了新的知识；进一步是锻炼了他（她）的能力；往前发展是在这个过程中有良好的、积极的情感体验，产生进一步学习的强烈要求；再发展一步，是他（她）越来越会主动投入到学习中去。

她说，这样学习，学生才会学到新东西。学生上课，“进来以前和出去的时候是不是有了变化”，如果没有变化就没有意义。一切都很顺，教师讲的东西学生都知道了，那你何必再上这个课呢？换句话说，有意义的课，它首先应该是一节扎实的课。

课堂上学生都应该有事情做

基本要求（2）：有效率

她介绍，有效率表现在两个方面：一是对面上而言，一节课下来，对全班学生中的多少学生是有效的，包括好的、中间的、困难的，他们有多少效率？二是效率的高低。有的高一些，有的低一些，但如果没有效率或者只是对少数学生有效率，那么这节课就不能算是比较好的课。

从这个意义上说，一节课应该是充实的课。整个过程中，大家都有事情干，通过教师的教学，学生都发生了一些变化，整个课堂的能量很大。

上课不能完全预先设计

基本要求（3）：生成性

叶澜介绍，一节课不完全是预先设计好的，而是在课堂中有教师和学生真实的、情感的、智慧的、思维和能力的投入，有互动的过程，气氛相当活跃。

在这个过程中，既有资源的生成，又有过程状态生成，这样的课可称为丰实的课。

哪怕部长听课，也要“目中无人”

基本要求（4）：常态性

叶澜说，不少老师受公开课、观摩课的影响太深，一旦开课，容易出现的毛病是准备过度。教师课前很辛苦，学生很兴奋，到了课堂上就拿着准备好的东西来表演，再没有新的东西呈现。当然，课前的准备有利于学生的学习，但课堂有它独特的价值，这个价值就在于它是公共的空间，需要有思维的碰撞及相应的讨论；最后在这个过程中，师生相互生成许多新的知识。

她倡导的“新基础教育”反对借班上课，为的就是让教师淡化公开课、观摩课的概念。在她看来，公开课、观摩课更应该是“研讨课”。因此，她告诫老师们：“不管是谁坐在你的教室里，哪怕是部长、市长，你都要旁若无人，你是为孩子、为学生上课，不是给听课的人听的，要‘无他人’。”她把这样的课称为平实（平平常常、实实在在）的课，并强调：“这种课是平时都能上的课，而不是有多人帮着准备，然后才能上的课。”

只要是真实的就会有缺憾

基本要求（5）：有待完善

她认为，课不能十全十美，十全十美的课造假的可能性最大。只要是真实的就会有缺憾，有缺憾是真实的一个指标。公开课、观摩课要上成是没有一点点问题的，那么这个预设的目标本身就是错误的，这样的预设给教师增加很多心理压力，然后做大量的准备，最后的效果往往是出不了“彩”。

她告诉记者，生活中的课本来就是有待完善的，这样的课称之为真实的课。扎实、充实、平实、真实，说起来好像很容易，真正做起来却很难，但正是在这样的一个追求的过程中，教师的专业水平才能提高，心胸才能博大起来，同时也才能真正享受到“教学作为一个创造过程的全部欢乐和智慧的体验”。

二、发展性课堂教学评价的实施案例

（一）案例1：德国的一堂体育课评价[①]

前不久，我去德国进修期间参加了一堂体育课的评课活动，真令我感慨万千。

那天，一堂四年级的体育课在室内操场进行，执教的是艾默特女士。她身材修长，穿着一件健美服。优美的曲线加上鲜艳的服饰，在我这个东方人的眼里，总觉得酷得过分。10分钟的热身操后她开始了本堂课的主题教学：教学一个德国乡村婚礼上的集体舞。这个舞蹈共有四个动作：向左移三步；向右移三步；右手脱帽、弯腰行礼；将礼帽扔向空中并捡回。20分钟的教学真是“惨不忍睹”：四年级的学生左右不分，有的左手执帽，有的右手摘帽；有的先移左脚，有的先动右脚；伴着音乐有的弯腰，有的挺身。于是胳膊碰胳膊，屁股撞头，混乱不堪。只有一个动作是一致的，那就是将手中的帽子扔向空中，再满操场地奔跑着捡回来，那些金发碧眼的孩子们满脸是汗水和喜悦，我猜他们一定是乐此不疲。

在喝咖啡的休息时间里，我梳理着自己的思路：隔着国情和民风我不敢直接发表意见，除了激发学生的学习兴趣外，这堂体育课成功之处又有哪些呢？

评课活动开始了，评课教师凯根先向我们做了简单的介绍：艾默特已有15年教龄，是一位两个孩子的母亲。听到这里，我简直怀疑自己的眼睛，如此健美的体形，怎可能是一位母亲？而后凯根直奔主题，提了三个问题：

1. 你认为上体育课有必要穿得如此专业化吗？
2. 你认为这堂体育课完成了教学目标吗？

---

① 董蓓菲．德国的一堂体育课——一次观念全新的评课活动［EB/OL］．（2010－10－5）Http：//fzxpj. cersp. com/JSPJ/200511/143. html

3. 你认为这堂课有何不足?

艾默特沉思了片刻，回答:“我觉得自己穿健美服上体育课很有必要。因为，我给学生带来了美感。常有女学生对我说:‘艾默特小姐，我真希望以后像你这样苗条!’也有许多男生夸我说:‘你的身材真棒!’因此，我想，专业服饰在这个班上有利于我的教学。”凯根微笑着点头。

“这是一堂体育课，不是舞蹈课!”艾默特继续说着，“舞蹈动作的标准和整齐，不是这堂课的教学目标，舞蹈只是我的教学手段。我利用学生渴望学会舞蹈的心理，让他们达到一定的运动量。你们都看到了，我的每一个学生都达到并超过了这堂课的运动量目标。所以我认为我的教学目标完成得很好，没有什么遗憾和不足。”

这种西方式的自信，我听得目瞪口呆。可是从教学目标和手段、教师仪表和教学内容的关系上细细品味，她的答辩却自有道理。督导们开始讨论了，每一位发言的督导都用问答方式发表自己的意见，同时也给艾默特以解释的机会。在这样的交流过程中，一个教学环节的弊端显现无疑，那就是整堂课上学生对这个乡村婚礼上的集体舞没有一个完整准确的形象感知。随后凯根先生在总结这次活动时指出:“有必要录像或制成光碟，以弥补学生对这个舞蹈缺乏整体认知的缺憾。”艾默特心悦诚服地接受了。当凯根先生将目光转向我这个唯一来自东方的女教师时，我要说的真是一言难尽。我想说，如此诠释教学目标与手段的关系，如此演绎教师服饰与美育的潜移默化作用令我茅塞顿开。我更想说，这种平等、开放、问答式的评课方式，是教师富有个性的教学思维的基底。不过说出口的则是这样一句话:“我很欣赏这种评课方式，它既能使执教教师自由阐述自己的教学思想，又乐意改进教学中的失误。我将把它介绍给中国的教师。”归途中我想:敢于尝试这种评课方式的教研人员，不仅要将教学原理熟记于心，听课反馈清晰迅捷，还要有良好的谈话口才。在中国，谁会是第一人呢?

【案例点评】

这种评课活动给予了老师自由表达教学观点的机会，无论对老师本人还是评价者都会产生更有价值的体验。可以说，这是一次观念全新的体育评课活动。在这个过程中，老师对体育教学的理解得以充分的表达，也给了我们很多启示。

（二）案例2：以学生为主体的课堂教学评价表①

授课教师______ 班别______ 学科______ 日期______ 评价者______

<table>
<tr><th colspan="2" rowspan="2">评价项目</th><th rowspan="2">权重</th><th rowspan="2">评价要点</th><th colspan="3">评价要点</th></tr>
<tr><th>A</th><th>B</th><th>C</th></tr>
<tr><td colspan="2">教学设计</td><td>2.0</td><td>1. 教师能整体把握教学内容。
2. 教学设计有利于学生的发展。
3. 为学生提供主动参与学习的时间和空间。</td><td>20</td><td>18</td><td>15</td></tr>
<tr><td rowspan="4">学生主动参与学习</td><td>学生参与学习的时间和广度</td><td>1.5</td><td>1. 学生在课堂上主动参与的时间占2/3。
2. 学生在教学活动中的参与率占95%。
3. 教师能适时关注不善于发表意见的学生。</td><td>15</td><td>13</td><td>10</td></tr>
<tr><td>学生与他人的合作</td><td>1.5</td><td>小组学习或讨论确实解决了问题或产生了新的认识。</td><td>15</td><td>13</td><td>10</td></tr>
<tr><td>学生在解决问题中学习</td><td>1.5</td><td>学生主动提出问题，学生有创意地回答问题。</td><td>15</td><td>13</td><td>10</td></tr>
<tr><td>学生参与学习的情感和态度</td><td>1.5</td><td>1. 学生富有浓厚的学习兴趣、高涨的学习热情。
2. 学生善于倾听、思考、评价他人的发言。
3. 学生普遍具有良好的学习意识及道德品质。</td><td>15</td><td>13</td><td>10</td></tr>
<tr><td colspan="2">学生参与学习的效果</td><td>2.0</td><td>1. 学生有主动学习的习惯，有竞争意识和合作意识。
2. 学生普遍具有问题意识，敢于质疑问难，发表不同的见解。
3. 不同程度的学生均得到应有的发展，从整体上达到教学目标。</td><td>20</td><td>18</td><td>15</td></tr>
<tr><td colspan="2">总得分</td><td></td><td></td><td></td><td></td><td></td></tr>
</table>

① 严红．促进教师发展和学生成长的评价改革［M］．兰州：甘肃文化出版社，2005

【案例点评】

上面的评价表是珠海拱北小学突出学生在课堂教学中的主体地位，通过权重的设计引导教师调整课堂教学模式，落实学生课堂主体地位的体现。

（三）案例3：美国中学如何分析评价一堂课①

第一，教师教学。

（1）根据学生的课堂表现，判断学生是否了解和接受教师期望他们在课堂上做些什么。

（2）教师是否能把握和组织课堂上的教学和学习过程？

（3）是否所有课堂上使用的教学材料和教学辅助设备都是必要的？这些材料和设备是否都能充分和恰当地被使用？

（4）教学目的是否达到？重点、难点是否明确并有所突破？教学任务是否完成？时间分配是否得当？

第二，学生参与。

（1）教师对学生学习和活动的指令是否清楚？

（2）学生是否明了他们的课堂学习和活动该怎样与前面所学的知识以及他们今后的生活联系起来？

（3）学生的学习和活动是否积极主动？

（4）有多少学生参与了学习活动？

第三，教学过程。

（1）教师对知识的传授和问题的解释是否准确？

（2）教师在培养学生能力方面使用了哪些手段？比如演讲、小组活动、自主学习、探究活动、自编练习或试卷、辩论、社会实践和调查、师生互动以及互联网的使用等。

（3）教师的教学对学生的学习和知识的应用是否有示范作用？

---

① 美国中学如何分析评价一堂课［D］. 语文教学通讯，2007（4）

(4) 教师是否经常检查，以确保学生对知识的正确学习和运用？

第四，课堂练习。

(1) 学生是否通过一些公开活动来练习或使用所学的知识？

(2) 学生的实践活动是否与知识的学习有直接联系？

(3) 教师是否指导了学生的学习过程？

(4) 在必要时以及在重要处，教师是否做过强调或重点讲解？

第五，知识的巩固。

(1) 下课前教师是否总结或提炼了该堂课所学内容？

(2) 学生是否理解和掌握了该堂课所学内容？

第六，知识和能力的拓展。

(1) 教师是否对学生所学知识的内涵和外延进行了进一步的挖掘和扩大？

(2) 教师是否对学生进行过相关能力的培养和拓展？

(3) 教师是否布置了相关知识的课外作业？

第七，学习兴趣与动力的培养。

在课堂上，教师是否使用过以下任何一种形式来培养学生的学习兴趣和活跃课堂气氛？

(1) 增加或减轻焦虑以调动学生的学习欲望和兴趣。

(2) 保持活跃、友好的课堂气氛，使学生乐于接受所学知识。

第六章

发展性学校评价

一、校本管理与学校效能

（一）校本管理

1. 校本管理理论

就国外的研究情况来看，校本管理与学校效能研究几乎是同时开始的。一般认为校本管理有两大起源：一是从20世纪六七十年代开始，各国推行课程以及教学改革的效果不佳；二是现代管理在企业的成功运行，比如参与管理、权力下放等管理模式在工商机构的成功发展。[①] 这使人们认识到，要提高学校效能必须跳出以前只重视教育教学层面的习惯认识，把提高学校效能的努力转移到学校管理层面上来。在这种认识的影响下，各种各样的学校改革运动迅速开展起来，比如“有效学校管理”“学校教育质量改进”“优质学校创建”等改革。“校本管理”理论随即产生并发展起来。校本管理理论在发展过程中逐步形成了如下一些观点。

（1）戴维（David）在总结校本管理实践经验的基础上提出了校

---

① 黄崴．校本管理：理念与模式［J］．教育理论与实践，2002（1）

本管理的特征：学校作为主要决策单位，其决定和决策应该尽可能在学校运作的最低层作出，所以应增加学校在财政、管理方面的自主权，减少外在的控制；有效的改革不仅需要依据外部程序，更需要有关人员的参与，共同作出决策。①

（2）马兰、奥格瓦、克兰兹（Malen，Ogawa，Kranz）认为，校本管理是一种权力下放形式，这种权力下放把具体的学校看做是激励学校进步并使学校可持续发展的基本手段。② 权力的下放（包括决策权的下放）同时也就意味着责任的转移与加大。

（3）拜雷（Bailey）把校本管理定义为："校本管理或学校现场管理是一种决策参与过程，参与决策的人员要对贯彻的决策负责任。"③

分析以上这三种观点不难发现：首先，校本管理理论经历了一个权力下放范围不断扩大的过程，由最初的决策权的下放到后来其他管理、财政、人事等权力的下放；其次，随着学校自主权的扩大，人们也开始逐步强调权责的统一，在给予学校权力的同时强化其责任。也就是说，校本管理理论强调把权力下放给学校的同时，也重视学校要切实承担起学校发展的责任。

2. 校本管理的特征

要准确把握校本管理的特征，首先要对什么是"校本"有明确的认识，"校本"（school-based）的基本意义是"以学校为本""以学校为中心""以学校为基础"等。目前，大多数研究者认为"校本"包含三方面的含义：一是为了学校，二是在学校中，三是基于学校。④"为了学校"是指切实解决学校在教育实践过程中遇到的问题，从而促进学校的发展，提高教育教学水平；"在学校中"的主要意思是树

① 郑燕祥．学校效能与校本管理：一种发展的机制［M］．陈国萍译．上海教育出版社，2002

② 黄崴．校本管理：理念与模式［J］．教育理论与实践，2002（1）

③ 黄崴．校本管理：理念与模式［J］．教育理论与实践，2002（1）

④ 郑金洲．校本研究指导［M］．北京：教育科学出版社，2002：4

立学校的主体性地位，即学校自身的问题应由学校中的人来解决，激发学校中校长、教职工的积极性，为不断提高办学水平奠定一个坚实的人力资源基础；“基于学校”主要是指因校制宜，按照每一个学校的实际情况，组织教育教学，充分利用学校的各种资源，发挥学校的最大效能。校本管理也正是基于这些基本的校本思想。综合校本管理理论和“校本”的含义，我们可以把校本管理的特征概括为以下三点。

（1）学校管理由传统的“行政外控管理”转变为“学校内部自我管理”。行政外控管理模式下的学校管理，是根据中央或上级教育行政部门的指令运作的，学校只是执行命令的工具，基本上没有什么自主权，当然就不愿意也没能力承担责任。学校内部自我管理，可有效地照顾学校本身的特性和需要，可激发学校内部改革和发展的动力。

（2）在给予学校权力的同时，也要求学校肩负对等的责任，提高学校组织成员的责任感、积极性及主动性，强调权责统一。

（3）加强学校效能评估，验证校本管理实施的效能。把权力由政府层面下放到学校并不意味着学校就能够有效地利用权力提高学校的效能，在强化权责统一的同时，也必须加强对实施校本管理后的学校效能进行评估，以监督、指导学校正确使用手中的权力，提高学校效能与教育质量。

3. 校本管理的启示

校本管理理论的出现与应用，体现了人们对教育认识的改变以及先进管理理论在学校管理中的应用。最根本的一点是人们对教育认识的转变。由于教育重要性的日益显著，大多数国家对教育都采取严密控制的管理策略，在这种外控管理的模式下，教育目标是简单、单一的，管理则强调标准统一、稳定，过程程序化、制度化。实际上，这种教育观没有认识到教育是一个开放的系统，没有认识到教育问题的复杂化、多样化以及教育目标的多元化，没有认识到教育环境的多变性以及为适应环境的变化而不断进行的教育改革和学校改革等因素对学校组织发展的影响，已经日益不适应现代教育发展的要求。

校本管理则认为，教育目标是多元的、易变的，教育环境是复杂的、多变的，教育问题是多样的、不易把握的，教育改革是不断推进的、势在必行的。因此，它对于学校组织的管理不追求标准的统一、权力的集中以及制度的标准化。因为那样容易造成学校对上级行政权力的依赖、自主办学的主动性降低，结果，学校变得没有效能，一味被动依赖，这样政府又要增加更多的资源，对学校进行监管和控制，希望提高教育质量，形成恶性循环，学校效能越来越差。

校本管理允许达成目标方式的多元化，强调权责下移，重视人本管理。所谓达成目标方式的多元化，是指学校达成教育目标可有多种不同的方法，强调弹性灵活，各所学校可根据自身的条件，各施其法，灵活管理、运作；强调权责下移可避免学校发生问题无论大小都要请示上级教育行政部门的现象。Provenzo 在 1989 年就曾指出："学校的管理和教学活动，不可避免会有问题和困难，所以应给予学校权责，在发生问题的地方，及时有效地将问题解决。"① 其实权责的下移可有效地改变学校只是被动的执行系统的状态，使学校在政策目标的指引下形成一个"自主管理系统"，拥有一定的自主权，根据学校特有的条件，发展教学目标及管理策略，合理调配人力资源，解决问题，达到目标。② 学校由"被动执行系统"转变为"自主管理系统"后，学校的角色相应地也由被动接受型转变为主动发展型，学校就会充分利用自身的条件，努力拓展资源，不断发展、提高；重视人本管理，要把学校看做是教师、学生以及管理人员共同生活成长的地方，重视挖掘人的积极性和创造性。梅奥的人际关系理论使人们认识到人

① Provenzo, E. F.. School-Based Manangement and Shared-Decision Making in the Dade County Public School, Allies in Educational Reform [M]. San Francisco, CA: Jossey-Bass, 1989

② 郑燕祥．学校效能与校本管理：一种发展的机制［M］．陈国萍译．上海教育出版社，2002

的因素对组织效能的重大影响。人力资源理论也强调人是组织的宝贵资源。学校管理的重点在于发展学校内部的人力资源，发挥他们的积极性与创造性。马斯洛的需要层次理论也指出，人都有归属的需要以及自我实现的需要等。基于以上认识，校本管理侧重于建立一种合适的环境，可以让校内成员广泛地参与以及发展所长。这样一种环境强调决策参与、人际关系的协调、正确的领导方式等组织理念。

从组织发展的角度来讲，校本管理的理念就是创造一个学校组织不断发展的机制，这样一种机制强调组织的自主发展、人的积极性的激发、组织人际关系的协调、正确的领导方式等。在校本管理运动的推动下，近几年来，如何建构学习型学校（learning school）以提高学校教育品质与效能，成为国内外学校教育改革的重要诉求之一。[①] 学习型组织与组织发展有密切的联系。美国麻省理工学院彼得·圣吉（Senge）教授于1990年出版《第五项修炼：学习型组织的艺术与时务》，此书的问世带动了学习型组织的研究热潮。具体来说，学习型组织就是指一个组织能够不断学习，以及运用系统思考模式尝试各种不同的问题解决方案，进而强化及扩充个人的知识和经验并改变整体组织行为，以增进组织的适应及革新能力。组织学习是一种持续性、策略性运作的过程，并要与组织成员的日常的工作相结合。组织学习的结果，将导致组织成员知识、信念及行为的改变。可以说，组织学习理论既是一种新的组织论，也是一种方法论，它在注意组织结构的基础上，吸收了社会系统理论、开放系统理论和复杂系统理论的观点，试图解决组织发展的动力问题。[②] 学校作为一个社会组织，组织发展是提高其效能的基础，因此圣吉等学者的学习型组织的理论观点对于从组织发展的角度来研究学校效能有一定的借鉴意义。

---

① 张明辉（台湾）. 营造学习型学校［EB/OL］. 学习型组织研修中心网站，http：//www. cko. com. cn

② 黄崴. 教育管理学——概念与原理［M］. 广州：广东高等教育出版社，2002

（二）学校效能

实施校本管理、发展学校组织的一个根本目的是提高学校效能。学校效能研究起源于1966年美国学者柯尔曼（J. Koerman）就“教育机会均等”所做的调查。从20世纪80年代起，组织效能和质量理论的出现对学校管理实践提出了越来越大的挑战，尤其是在实施校本管理的学校，如何验证校本管理的效果，就需要研究学校组织的效能及其效能评估方面的问题。就目前情况而言，教育研究者、学校资助者以及教育政策制定者，当然还包括接受教育服务的消费者（主要指学生），都日益重视学校的效能和质量。在学校管理的过程中，也越来越多地涉及诸如学校责任、教学成就、考试成绩、教学技能、学生退学率、教学工作满意度以及有效的学校文化等概念。到1983年，美国“卓越教育全国委员会”发表了“危机中的国家”报告书，各地也纷纷以“卓越、效率、平等”为目标进行教育改革，学校效能问题引起世界各地的注意。在现实生活中，人们也会有这样的疑问，为什么条件差不多的两所学校，其教育教学质量却存在天壤之别呢？根本的原因是学校组织的效能不同。

学校作为一个公共组织，如何界定学校组织的效能？如何评估学校组织的效能目前尚没有定论。我们知道学校是一个开放性的面向大众的教育服务组织，可以从输入、过程、输出等方面来描述学校的运作过程（如下图）。

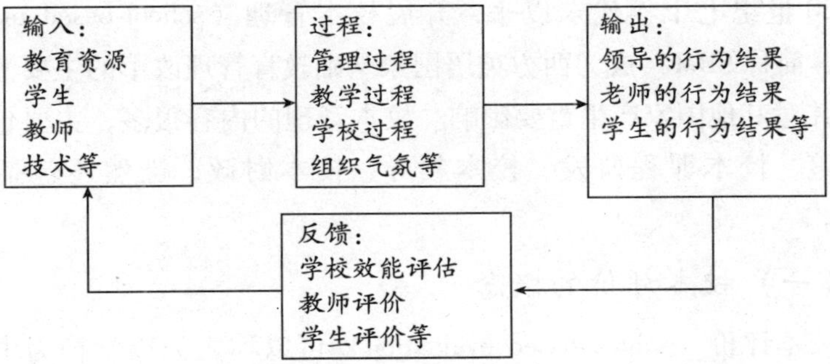

图6－1　学校的运作过程

如图所示，学校组织与一般组织一样也存在一个输入、加工、产出的过程。就企业而言，生产的产品都有严格的产品质量标准，因此通过产出的效率和产品的合格率基本上能核定某一企业的效能。当然，现代企业的运作涉及顾客满意度等众多的因素，这里就不再赘述。学校的教育服务对象是学生，学生作为活生生的人，不同于一般意义上的物品，其发展、变化是一个漫长而缓慢的过程，因此教育服务的效果，既具有连续性也具有后效性。因此单纯通过学生的行为结果来评估一所学校的效能是有失偏颇的，是不够客观的。也就是说，从组织运作的角度来论述学校效能，理论上的论述似乎很完备，但是对于一些具体的问题往往无所适从。比如评价的标准是什么，如何界定评价标准？往往无所适从。再者，这样研究学校效能忽视了系统的内部转换过程而仅仅满足于前期输入和后期输出，也不是很全面。相关的研究也能够证明这一点。很多研究报告指出，学校本身的一些投入变化与学生的成绩没有必然的联系。比如 James. S. Coleman 在做了一个规模巨大的调查后，在其研究报告中指出："影响学生成绩的最重要因素是学生入学前的家庭背景和学校的同伴，而不是学校的特点。"

二、发展性学校评价的基本理念——校本评价

20 世纪七十年代末以来，开展校本管理（school-based management，简称 SBM）成为西方英语国家基础教育管理改革的主要潮流之一，并对其他国家产生重要影响。校本管理的内容很多，主要包括校本决策、校本课程研发、校本领导、校本财政，当然还包括校本评价。

（一）校本评价的概念

校本评价（school-based evaluation）可以称之为以学校为中心的评价或以学校为主体的评价。它是在批判传统的学校评价模式的基础

上提出的。传统的学校评价可以称之为外部控制性评价，这种评价有如下特点：①学校评价的主体是学校之外的机构。在不同的国家，这些外部机构有所不同。例如美国中小学校评价主体是地方学区以及社会团体和媒体，中国中小学的评价主体是教育行政部门和政府的考试部门；②评价标准强调标准化，忽视学校的实际情况和特点；③评价不注重发展性和相对性，只注重绝对性；④评价主体主要来自上级教育行政部门，不了解学校的实际状况；等等。

校本评价在摈弃外部控制学校评价模式的弊端的基础上提出了自己的观点：①学校评价不是外界强加给学校的阶段性任务，而是学校管理的内在机制，是学校发展和教育质量提高的动力源；②学校评价不是单向性的、强制性的行政行为，而是以学校为主体的学校教育的相关利益者为实现教育目标共同探讨、协调一致的价值判断活动；③学校评价不是泯灭学校个性的强制性活动，而是保护学校特色与个性发展的促进性活动；④学校评价是学校自我判断、不断发展的过程。

校本评价模式较外部控制学校评价主要体现出以下优势：①确立了学校在评价方面的主体地位，提高了学校参与学校评价的积极性和自主性，可有效地改善学校只是应付外在控制学校评价而不能发挥学校评价真正作用的弊端；②改变了过去学校被动接受评价的状况，学校可根据自身的实际情况主动地参与、实施评价；③评价过程动态化，不再只看最后一次评价的结果，重视学校在原有基础上的发展，可有效地激励各种类型的学习；④评价内容多样化，学校评价不再仅仅局限于看学校的教学效果，所有与学校发展有关的项目都在评价的范围之内。校本评价作为一种先进的学校评价理念，体现了校本管理的思想，进一步加强了学校组织成员的主人翁意识和责任感，可以提高学校组织成员的忠诚度和凝聚力。

综合以上认识，我们可以这样界定校本评价：校本评价是以学校为主体，在学校层面上充分发挥学校作为评价主体的作用，通过对学校各方面工作的评价，以促进学校发展的一种评价活动。“以学校为主体”强调的是学校作为评价主体，以调动学校在评价过程中的积极性、自主性、创造性；“在学校层面上”是指学校评价应考虑到学校的实际情况，评价不是外部控制学校的一种手段，而是学校管理的一种内在机制；最后，校本评价是一种促进学校发展的过程。

（二）校本评价的理念

校本评价体现了校本管理的基本理念。校本管理的基本理念是强调学校自主管理，而非外部控制；而校本评价同样强调学校自主评价，而非外部评价。

表6－1　校本评价与外部控制评价比较

	校本评价	外部控制学校评价
评价主体	多主体 突出学校的主体地位 主体之间是互动的	单一主体 学校没有主体地位
评价思想	重视人文精神 以校为本	重视科学精神 以上级教育行政部门为本
评价内容	内容全面 标准有弹性	内容单一、固定 标准唯一
评价方法	重视过程性评价 关注在原有基础上的发展	注重终结性评价 关注学校的绝对指标
评价目的	找出学校教育存在的问题， 并且改进、发展	通过比较进行奖励、惩罚

1. 评价主体的多元化——突出学校的主体地位

传统的外部控制型评价主体单一、孤立、高高在上，不了解学校的实际情况，不能解决学校教育实践中遇到的实际问题，起不到应有的作用。在这种情况下，学校由于没有主体地位，因而缺乏积极性，在学校评价过程中存在应付、不配合等现象，使学校评价失去了其本原意义。现代教育评价越来越倾向于主体的多元化以及主体之间的互动。1989 年，美国教育评价专家枯巴（Egong Guba）和林肯（Yvonna Session Lincoln）在其专著《第四代教育评价》中提出，在评价中应充分听取不同方面的意见，并把评价看做是一个由评价者不断协调各种价值标准之间的分歧，缩短不同意见间的距离，最后形成公认一致的看法的过程。① 这种评价观强调评价过程中主体间的双向选择、沟通和协商，关注评价结果的认同问题，而不是评价结果本身的正确性问题。

学校评价的基本功能是改进与提高学校的管理与教学。这就决定了评价主体应是能够根据评价结果及时采取行动改善学校教育活动的人或组织。在学校评价中符合这个条件的有校长、教师和学生。而校长、教师和学生属于学校组织的核心成员，因此在学校评价中，关键的主体只能是学校组织；处于学校组织中的成员在校长的领导下，可随时根据评价结果，调整教育活动，达成教育目标。当然，我们强调学校的主体地位，并不否认教育行政部门对学校的监督和指导作用；但教育行政部门对学校进行评价和督导要以学校自主评价为基础。

2. 评价思想的人文精神——强调以校为本的评价

传统的学校评价在科学主义的影响下，过于追求评价手段的技术化、评价标准的唯一性、评价结果的可比较性，使得学校评价越来越脱离学校教育的实际，形成了“为了评价而评价”的庸俗的学校评价模式。校本评价强调人文精神，体现以校为本的评价思想。校本评价关注学校本身的实际情况，尊重和体现学校的特色，促使每所学校发挥其最大的效能。从世界范围来看，重视人文关怀、多极化发展的价值取向是大势所趋。在政治上，由单极走向多极；在文化上，各国的文化也由一元走向多元；在教育上，由单一走向多样化。现在世界各国都日益重视对本国文化特色的保护，鼓励少数民族文化的发展，就

① 王汉澜．教育评价学［M］．开封：河南大学出版社，1995：11

是这种发展趋势的反映。我国正在进行的新一轮基础教育课程改革所提出的课程评价改革的方向也体现了这种趋势，比如：在教师评价、学生评价过程中体现了以人为本的精神；在评价方法上强调质性评价，弱化量化评价的作用；在评价的目的上由甄选转向发展；等。

3. 评价内容的全面性——不仅仅评价学校的教学效果，也评价其他方面的情况

当前教育评价发展的一个重要趋势，是注重评价内容的全面性，无论是教师评价还是学生评价都体现了这种趋势。在教师评价上，不再以教学效果作为评价教师的唯一尺度，评价内容已包括教师职业道德、学科知识、文化素养、教学能力、交往能力等与教学相关的各个方面；在学生评价上，注重学生综合素质的考察，不仅关注学习成绩、思想道德品质，还关注学生创新精神和实践能力的发展，以及良好的心理素质、学习兴趣与积极情感体验等方面的发展。正如《基础教育课程改革纲要》指出的："评价不仅要关注学生的学业成绩，而且要发现和发展学生多方面的潜能，了解学生发展中的需求，帮助学生认识自我，建立自信。"① 校本评价也注重学校评价内容的全面性，改变过去那种只重视学校的教学效果的评价模式，评价内容包括学校环境、办学效益、学校特色、教育质量等关系学校发展的各个方面。这也可有效地改善在传统学校评价影响下形成的"片面追求升学率"的问题，推进素质教育、基础教育课程改革的顺利实行。

4. 评价实施的过程性——重点关注学校在原有基础上的发展

按照评价实施过程的不同，我们可以把教育评价分为"形成性评价"和"终结性评价"两种类型。1967 年斯克里文在其所著的《评价方法论》中首先提出了这两个概念。② 形成性评价是通过诊断正在进行的教育活动中存在的问题，为正在进行的教育活动提供反馈信

① 《基础教育课程改革纲要（试行）》［R］. 教育部，2001－6－7

② 陈玉琨. 教育评价学［M］. 北京：人民教育出版社，1999：12

息，从而改进、提高教育活动质量的评价。一般来说，形成性评价不以区分鉴定优劣、奖惩为目的，其主要目的是及时发现问题、及时解决问题，保证教育质量；与形成性评价不同，终结性评价是在教育活动结束后对教育效果进行的判断，其主要目的是区分优劣并据此进行奖惩。校本评价是学校管理的内在机制，因此更注重形成性评价的运用，促进学校教育在原有基础上的不断提高与进步。当然，重视形成性评价绝不意味着排斥终结性评价，在校本评价过程中应有机地将形成性评价与终结性评价结合起来。虽然终结性评价是在某一阶段的教育活动结束后进行的，对于已经结束的教育活动已没有实质的意义，但从整体上来看终结性评价对下一阶段教育活动的实施有重要的借鉴意义。

5. 评价目的是促进学校的发展，而不是奖惩

校本评价的根本目的，是促进发展，而绝不是简单地进行优劣高低的区分。传统的学校评价注重评价的功利性作用，学校评价的结果与奖励、惩罚挂钩，学校评价成为上级教育行政部门控制学校的一种手段。在这种情况下，学校都是按照评价指标的要求尽量迎合上级教育行政部门的喜好，严重阻碍了学校的发展和教学质量的提高。校本评价以推动学校的发展为根本性目标（这里的发展是指学校在原有基础上的发展）。传统评价重视评价的鉴定功能，在评价项目的设定上不会考虑一些“薄弱学校”的实际情况，也不会考虑条件好的学校的优越条件，只根据一般学校的条件制定评价标准。这样的评价标准，无论对差的学校还是对好的学校都起不到激励作用，也自然不利于推动学校的发展。另外，以往的学校评价不重视评价的改进功能，只是利用终结性评价来确定学校教育达成教育目标的程度，并依此进行奖惩；而对学校工作中究竟存在什么问题、如何解决一般不会涉及，即使涉及到了，也由于不了解学校的实际情况，提出的改进措施往往起不了真正的作用。校本评价关注学校的实际状况，学校根据自身的情况制定相应的评价标准，循序渐进地推动学校的发展。

（三）校本评价的方法

在校本评价理念的指导下，在实际的学校评价活动中已出现了很多有创意的校本评价的方法，主要包括档案袋评价、讨论式评价、360 度评价等多种方法。这些方法有些是在教育实践第一线的教师凭借自己丰富的实践经验，逐渐摸索、创造出的，有些是借鉴企业绩效评价提出的。下面对这三种方式作简要的说明。

1. 档案袋评价

档案袋评价是在反思传统教育评价过分追求“客观性”和“量化”基础上而提出的一种评价方法，目前主要应用于学生评价。“档案袋”是一个形象化的比喻，其本质是为每一个被评价者建立一个展示其发展与进步的档案。档案袋评价在具体的实施上会有很多种不同的方式，但在以下三个方面很好地体现了校本评价的理念。

（1）档案袋内容的选择是多主体的。比如在学生评价中，学生也成为了选择档案袋内容的一个主要的决策者，赋予了学生自己诊断自身发展与进步情况的机会。这在传统的学生评价中是“可望而不可及”的事情。另外，家长也可参与对自己子女的评价，有些学校把家长留言也作为档案袋内容的一部分，在学生评价问题上把学校与家庭很好地联系起来。①

（2）档案袋内容的全面性。档案袋评价内容绝不仅限于学习成绩。在内容的选择上，只要学生自认为可以体现自己的优点、长处和进步的资料都可以放入档案袋，既可以是老师日常评议的作业、作品，也可以是学生参加各级各类活动的获奖作品或证书等等。此外，档案袋资料也可包括诸如教师寄语、家长留言、自我评定、小组评议等综合性的评价材料。选择档案袋内容的一个主要的原则是发现学生身上的“闪光点”，增强学生的自信心，激励学生进步。

① 深圳市盐田区东和小学“学生成长记录袋”评价方法

（3）档案袋内容选择的过程性。档案袋评价是对学生进步的连续性评价，在内容选择上是不受时间限制的。在学生的成长过程中只要发现了“闪光点”，可随时收入档案袋。

档案袋评价主要采用多样化、开放性的质性评价方法，注重评价的过程性，也很好地体现了人文关怀的精神，是一种促进被评价者全面发展的先进的评价体系；当然在具体的实践过程中还须进一步修正与推广。

2. 讨论式评价

伴随着被评价者主体地位的确立，以及尊重被评价者意见的呼声越来越高的情况，讨论式评价应运而生。讨论式评价的一个重要的原则是给予被评价者解释、说明的机会，以了解被评价者的意见和想法。在具体的评价形式上产生了诸如苏格拉底式研讨评定①、面谈评价、访谈评价等方式。

（1）苏格拉底式研讨评定。这个名称主要来源于苏格拉底的教育方法——产婆术。“产婆术”这种教育方法主要是通过讨论使参与讨论的双方发现自己认识的混乱并在否定原有认识的基础上，走上正确认识的道路，从而逐步得到真理性的认识。② 苏格拉底式研讨评定通过与被评价者讨论相关的评价问题，给予被评价者思考、解释自己见解的机会，了解被评价者真实的想法，避免评价产生偏差。

（2）面谈评价。该方法常见于对教师的评价中。梅尔（Maier）对教师评价过程中不同的评价面谈方式作了归纳与分析。他把评价面谈的方式归结为三种：讲授—接受法、讲述—倾听法和问题解决法。③讲授—接受法就是要求评价者对评价对象作出评价，告诉评价对象怎样去做，鼓励评价对象接受评价者拟定的改进计划，以便促进评价对

---

① 李雁冰．课程评价论［M］．上海：上海教育出版社，2002：247－292

② 戴本博，张法琨．外国教育史（上）［M］．北京：人民教育出版社，1998：103－105

③ 王斌华．发展性教师评价制度［M］．上海：华东师范大学出版社，1998：24－25

象的工作。讲述—倾听法分为两个阶段：评价者首先发表看法，然后倾听评价对象的意见。在对方发表意见的时候，倾听方要耐心听取，不要发生争执。讲述—倾听法鼓励评价对象发表不同的意见，评价者与评价对象的地位是平等的，这样可以消除评价对象的防卫心理，积极探讨相关问题。问题解决法主要是为了促进评价对象的进步与发展，评价者与评价对象在评价过程中进行广泛的讨论，发现评价对象工作中存在的问题，寻找解决问题的途径。

（3）访谈评价。该方法也可以说是面谈评价的一种，不过它较面谈评价的方法更具体、深入，对评价者的要求也更高。访谈主要分为两种：个别访谈和集体访谈，在具体的评价过程中要根据实际情况灵活使用这两种方法。另外，评价者要善于通过谈话了解评价对象真实的想法，要掌握一定的谈话技巧。

3. 360 度评价法

360 度评价法源自企业经营管理中的绩效评价。这种方法产生的一个主要的原因是传统的评价往往是单向的，也就是由上级部门单独做出的，这往往导致不公平现象的出现，进而带来更为严重的后果。出现这种状况的原因：①评价对象不能就对自己的评价发表自己的看法，在不了解评价对象想法的前提下作出的评价往往难免有失偏颇；②评价结果缺乏验证与调整；③评价主体单一，不可能了解评价对象的全部情况。为了解决这些问题，有人提出了建立一个多元主体的立体评价网络，以相互验证、反馈，这就是 360 度评价方法。

三、发展性学校评价的实施——学校效能评估

20 世纪 80 年代起，组织效能理论的出现对学校管理实践提出了新的挑战。学校组织效能评估成为大家关注的热点问题。教育研究者、学校资助者、教育政策制定者以及接受教育服务的消费者都日益重视学校的效能。中小学校作为一个公共教育服务组织，如何界定和评估其效能目前尚没有定论。长期以来，人们从经济学、社会学以及管

理学的视角提出了众多中小学校效能评估模式。笔者认为，中小学校效能评估不能脱离教育的本质。中小学校效能评估应从教育学的视角出发，重点关注其促进人的发展的程度，这样才能彰显教育的本真。

（一）经济学视角中的学校效能评估模式分析

教育的发展需要大量的资源投入。持续的资源投入是中小学校教育发展的前提条件，是中小学效能的基本保障。另外，中小学校是一个“投入—产出”组织，其效能也体现为投入和产出比。以此为理论基础，形成了资源依赖模式和经济效益分析模式两种典型的学校效能评估模式。

1. 资源依赖模式

资源依赖模式认为：学校组织如果能够获得维持其持续发展的资源，那么学校就是有效能的。这种观点把学校外部环境看做是学校教育教学顺利进行而获得稀有资源的地方。当前，各种资源都处于相对紧缺的状态。因此学校要生存、要发展，首先要在与其他组织或其他学校的资源竞争中取得胜利。

过分看重资源的资源依赖模式容易产生一些错误的办学方向。第一，容易把中小学校引导到盲目创收的道路上。现实中，很多中小学校以学校资源不足为借口，利用公共教育资源大肆收受各种名目的“赞助费”、“借读费”等等，衍生出了很多教育腐败事件。第二，过分强调资源的获取会弱化教育成果的取得。原清华大学校长梅贻琦先生曾说过：“大学，非大楼之谓也，乃大师之谓也!”这句话也同样适用于中小学校。资源投入是一所学校发展的基础条件，但不是决定条件。现在很多中小学校，动辄就投入几百万甚至上千万搞一些形象工程，而不重视内在素质的提升。在我国教育投入不足、落后地区教育经费严重缺乏的背景下，这是很不正常的现象。第三，中小学教育更多的属于义务教育的范畴，各级政府有义务保障基础教育的资源投入。而在中小学校（特别是重点学校）创收的背景下，有些政府机关非但不注重教育投入，相反，还从教育创收中“截取经费，挪做他用”。在我国有些地区的“名校办民校”中，这种情形时常出现。因此，强调资源的重要性无可厚非，但不能把这作为学校效能评价的唯一指标。

2. 经济效益分析模式

经济效益是指经济活动中劳动消耗与所得到的劳动成果的比例关系。学校作为一个开放性的面向大众的教育服务组织，也是一个投入与产出的运作系统。学校效能的经济效益分析模式主要是学校组织投入与产出的比较分析。如果学校投入少、产出多，则学校效能高；反之，效能则低。

首先，通过经济效益分析研究学校效能，理论阐述看似完备，但学校组织毕竟不同于以标准化生产为主要特征的企业或工厂。学校的服务对象是学生，学生作为活生生、有思想、有感情的人，不同于一般意义上的物品，其发展、变化也是一个渐进的个性化发展的过程。因此，教育服务的效果具有后效性和非标准化等特点，学校产出的质量与数量也很难界定。所以，通过学校的投入与结果的比较来评估一所学校的效能往往存在一定的偏差。其次，这种模式忽视了学校系统的内部转换过程而仅仅满足于输入、输出的预测，没有抓住中小学教育的关键环节。再次，学校投入的多少不是决定学校教育质量的关键因素。比如，1989 年 Eric A. Hanuskek 的研究得出结论“学校投入的不同与学生行为的改变没有必然的关系”①。

可见，从经济学的角度来评价中小学校效能，不符合学校组织的本质特征，容易把中小学校引导到只关注经济效益的错误道路上来；另外，教育的发展需要资源的投入，但投入的多少与教育效果的好坏没有必然的联系。教育是一个人与人交往、发展的过程，是需要更多的情感与关怀的领域，经济因素是教育发展的前提条件，但不是必要因素。

---

① Wayne K. Hoy, Cecil G. Miskel. Educational Administraion: Theory, Research, and Practice［M］. Library of Congress Cataloging-in-Publication data, 1996: 248

（二）社会学视野中学校效能评估模式分析

从社会学的角度来分析学校效能，其一是学校应满足社会上利益相关者的需要；其二是学校应适应社会环境的变迁。由此发展为需求满足模式和环境适应模式两种学校效能评估模式。

1. 需求满足模式

需求满足模式的基本假设是，如果学校能够满足相关利益人士或团体的期望，那么学校就是有效能的。我们也可以将其称为“顾客满意”模式（在公司绩效管理以及全面质量管理中都强调顾客满意度）。但学校的相关利益人士和团体众多，若不同人士或团体对学校都有很高的不同的期望，那么学校将很难满足所有利益相关者的需要。

根据需求满足模式，若学校能使关系学校生存与发展的重要人士满意，则可视为有效能。但如何来确定重要人士呢？学校重要人士的要求彼此间矛盾，而又不能同时获得满足的话，该采取什么措施呢？这些都是需求满足模式面临的问题与困境。现代社会，学校教育的重大作用日益显著，越来越多的人关注和影响学校，相应地，在对学校功能的认识上也就产生了更多的分歧。过去，人们只关注学校机构及个别层面上的功能，而现在已扩展到社区、社会甚至国际层面的功能。多元化的人士和较高的无法统一的期望，使得需求满足模式举步维艰。在当前教育资源紧缺的情况下，要在短期内满足多元人士的众多期望，显然是不可能的。因此，很多学校也就有了如此确定重要人士的标准：哪些人能为学校的发展提供资源以及机遇，这些人就是重要人士。这种确定重要人士的方法显然不能全面反映社会公众对教育的要求。还有，中小学教育的社会性还体现在教育要为社会发展服务，要为社会谋利益：首先是提升民众的素质，培养有利于社会发展的高素质的人才；其次要为每个适龄儿童提供接受教育的机会，让每个孩子都有通过教育改变自己命运的机会。这些社会利益可能与学的相关利益者的需求存在矛盾。比如，在新课程改革背景下，很多家长观念没有转变，其送孩子入学的唯一目标就是升入高一级学校。这种观点与社会提倡的素质教育就是格格不入的。

2. 环境适应模式

环境适应模式认为，学校是一个开放的社会系统，无时无刻不受到信息、资源以及制度等外部环境的影响。如何给学校的运作与发展创造一个好的环境是学校管理者需要思考的问题。环境适应模式的基本假设是，学校如果能够适应自身所处的环境，得到公众的认同，那么学校就是有效能的。

我国教育的飞速发展使得教育市场化的程度越来越高，学校之间的竞争日趋激烈；知识经济的到来、民众对学校教育质量的重视，促使学校必须不断强化教育质量。所有这些都使学校面临日益严峻的外部环境。学校一方面要为争夺资源激烈竞争，另一方面又要克服内部障碍，应对外来的挑战、问责及“物有所值”的要求。[①] 面临这样的处境，如果不能适应外部环境，不能得到社区和公众的认同，学校是很难生存和发展的。

教育的一个重要社会功能，是让所有人通过教育有改变自己生存状况的机会。因此，满足公众的需求、进而适应外部环境是学校发展的重要保证；但学校教育的本质，要求我们绝不能仅仅满足于此，要牢记学校教育是培育人的机构。人的发展既是一个生物学概念，也是一个社会学概念。教育的关键，是培养对社会发展有益的人，而不是庸俗地去满足个别人的需要或世俗化的社会评价。

（三）管理学视野中的学校效能评估模式分析

随着学校管理理论的发展，很多人认为，学校有没有效能的关键是看学校管理水平如何。由此，很多人从管理学的角度提出了学校效

① 郑燕祥．学校效能与校本管理：一种发展的机制［M］．陈国萍译．上海教育出版社，2002：26

能评估模式。主要有基于目标管理理论的目标模式和基于全面质量管理理论的全面质量管理模式。

1. 目标模式

就目标模式而言，如果学校行动的结果达到或超过既定的目标，则学校是有效能的。各级各类学校都有其任务与目标。Steers（1997）提出学校效能评估的目标模式必须区分官方目标和可操作性目标。①官方目标是国家教育行政机关根据学校任务的性质而形成的正规性的目标，这些正规化的目标通常在教育刊物或工作手册中出现，往往是抽象的且鼓舞人心的，如“教育要面向未来、面向世界、面向现代化”等。这种目标一旦确立，就会长期存在，目的是让学校得到保障和公众的支持，而不是用来指导专业教育者的行为。可操作性目标可以反映学校组织的真正目的。可操作性目标更多考虑学校的实际任务和行动，而不是形式化的东西。这类目标的实现是学校组织不断发展、进步的保证。

官方目标往往能够获得绝大多数民众的赞同与拥护，但可操作性目标要达到人人接受的程度，几乎是不可能的事。尽管不同的利益相关者期望学校达成的目标不同，但就我国而言，学生公开考试的成绩往往被作为测量学校效能的主要指标。这样一种趋向，影响了我国教育的健康发展。

由于可操作性目标的难协调性，学校很难明确制定被公众普遍认同的目标。同时，在资源有限的情况下，要使学校在短期内完成多元目标是相当困难的。

学校效能评估目标模式直接指向学校的目标与任务，有利于把握学校组织发展的方向。正如前面指出的组织效能的目标模式存在很难取得公认一致的目标、目标是否具有可操作性等问题；尤其在现在，知识经济时代的到来，传统的固定、单一的学校目标已日益不适应时

① Wayne K. Hoy, Cecil G. Miskel. Educational Administraion: Theory, Research, and Practice [M]. Library of Congress Cataloging-in-Publication data, 1996: 239

代发展的要求，学校目标必须根据学校所处环境的变化，随时做出调整。因此我们说，组织效能的目标模式有其局限性。目标模式的关键是要抓住中小学教育的核心目标——人的发展。

2. 全面质量管理模式

现代管理实践使人们认识到，管理过程的某些方面的改善不能保证组织全面素质的提高。要达到组织长期存在和发展，实行内部运作过程的全面管理非常重要。受戴明（Edwards Deming）全面质量管理理论的影响，从20世纪90年代起，人们逐步利用全面质量管理理论来管理学校，以期提高学校管理的效能。最初，人们还是怀疑戴明原则是否适用于学校管理。但随着研究与实践的深入，越来越多的教育管理者和评论家认为，全面质量管理可以应用于学校管理之中，并可以有效地提高学校管理的效能。全面质量管理应用于学校管理过程中，强调学校管理（质量控制）的全员性、全程性以及全面性，可有效地提高学校管理过程的效能。

全面质量管理模式强调两个方面：运作过程和行为结果，也就是说学校管理的效能不仅体现在管理过程上，还体现在学校管理行为的结果上。在运作过程上强调质量管理的全员性、全程性和全面性，保证从各个角度、每个人以及每段时间都维持并提高学校效能；在行为结果上，强调满足关键利益主体的需求。

从管理学的视角来探讨提高学校效能无疑有很大的研究价值。但任何组织的良性运作，都需要科学的管理，都要追求管理的效能。这不是学校组织特有的。学校管理是学校发展的关键。但管理追求的是组织秩序、资源的有效利用等核心价值，这与学校组织培育人的核心价值是不相符的。因此，从管理学的角度来评估学校效能，也不符合学校教育本质的要求。

（四）教育学视野中学校效能评估模式初探

现代教育的核心价值是促进人的发展。学校组织作为培育人的机构，不同于生产标准产品的工厂，评价这种组织的效能，绝对不能脱离人的发展的本质。

现代学校教育所秉承的“以学生为本、为了每一个学生发展”的教育理念，是人类在长期的教育发展过程逐步形成的。我国古代孔子提出的“因材施教”以及古希腊柏拉图提出的“教育非它，乃是心灵的转向”，应该说抓住了教育要“以人为本”这一教育目的的本质。但随着人类社会的进步和科学技术的发展，人类对教育本质的把握逐步出现了偏差。尤其是工业革命以来，教育对社会发展，尤其对个人发展的巨大推动作用，使得教育越来越功利化了。教育的功利化，导致了教育理念的异化以及学校教育的偏差。19 世纪初，德国著名教育家赫尔巴特确立了以实践哲学和心理学为基础的教育理论，史称“传统教育理论”。赫尔巴特认为，“教育的唯一工作与全部工作可以总结在这一概念之中——道德”，“道德普遍地被认为是人类的最高目的，因此也是教育的最高目的”。[①] 他在把道德看做每个人必须达到的必要目标的同时，也提出了教育可能达到的目的，即为将来能从事某种职业实施一定的教育，帮助他们发展能力与兴趣。19 世纪中期，英国教育家斯宾塞进一步提出，真正的教育目的应放在人的生活的实际需要上，教育是为应尽的职责和为完满的生活做准备，强调教育应关照人的实际生活的需要。如果说赫尔巴特的教育思想在强调人的发展本质的同时（在赫尔巴特看来，德行是一种在人身上发展起来的根深蒂固的“内心自由的观念”，是一个人发展的关键），关注人未来职业的需要，功利性还不那么强，那么，斯宾塞的教育思想则是完全把教育目标定位于“为未来的生活做准备”上。在上述教育理念的引导下，学校教育过于强调知识与技能的传授，而没有注重儿童自身的身心的自然发展；学校教育过于强调教师权威、书本权威、课堂权威，而没有关注儿童主动发展、探究发现的需要。在这种背景下，学校评估关注

① 张焕庭．西方资产阶级教育论著选［M］．北京：人民教育出版社，1979：259－260

的是学生的测验成绩以及学校的升学率等，严重误导了学校教育发展的本义。好在美国教育家杜威及时纠正了这种偏差，提出了人本主义的教育理念，认为学生是教育活动的中心，教育活动就是要使学生快乐并获得个人幸福。可以说，现在教育越来越看重的是儿童的自主发展。肖川博士提出的“教育的真义：价值引导与自主构建”① 可谓切中了教育的要旨。

教育的根本使命是促进人的发展，使人发展为完善的人应是中小学校效能评估的基本出发点。具体来说，学校中人的发展包括学生的发展和教师的发展。因此，学校效能的评估应以人的发展为基本立足点，以学校发展为目标，持续提高学校效能。具体来说，能够给予学生和教师持续发展动力的学校组织，就是有效能的组织；而不能给予学生和教师发展动力的学校组织，就是没有效能的组织。学校效能评价的关键指标是人在这所学校的发展状况以及从这所学校走出来的人的持续发展能力。

从学生的发展来看，关键是看学校有没有提供给学生全面、多元发展的机会，有没有根据学生的个性特点给予适合其发展的教育，有没有给予学生成长的快乐，有没有给予学生生命的体验，有没有给予学生必要的生活经验储备，有没有给予学生继续学习的知识储备，有没有给予学生自主发展的机会……

从教师的发展来看，关键是看学校有没有给予教师不断学习的机会，有没有给予教师持久的职场竞争力，有没有让教师体验到教书的乐趣，有没有让教师体验到生活的幸福，有没有给予教师公平的竞争机会，有没有给予教师自主发展的机会……

学生的发展与教师的发展是学校发展的核心与基础，而学校的不断发展是学校效能的根本保证。从这个意义上说，学校效能评估首先要关注学生在学校中的发展以及所获得的有利于未来发展的基础，以

① 肖川．教育的真义：价值引导与自主构建［J］．上海教育科研，1999：3

及由此形成的可持续发展的能力；其次，要关注教师的专业发展及教师在学校中的生命发展历程，以及由此形成的职场竞争力。脱离此两者的学校效能评估，即使有利于学校效能的提高，但由于脱离了学校组织的本质，也不会从根本上促进学校持续、健康的发展。

资源的投入、需求的满足、环境的适应、管理的顺畅，是学校发展的重要前提，是学校效能的基本保障，但这些只是学校效能的外部条件；学校作为一个教育服务组织，其效能核心是促进人的发展。因此，从经济学、社会学以及管理学的角度来研究和评价学校效能都是外在的、非本质的。学校效能的评估应该从教育的本质——人的发展出发，这样才能抓住学校组织的本质，促进学校持续健康发展，保持旺盛的生命力，增强学校的竞争优势，真正提升学校的效能。

【拓展阅读】

最佳学校的秘密

2007 年 3 月，苏格兰皇家督学发布的年度教育督导报告显示，一所规模颇小的天主教教会小学——圣马克小学史无前例地在 15 项评估中获得了 11 个“优”，当之无愧地成为全苏格兰最好的学校。

圣马克小学位于东伦弗鲁郡格拉斯哥市附近的巴海德，生源并无特殊之处，在其招生区域中，贫富学生参半。

圣马克小学的教师透露，他们的成功之道非常简单——纪律严明，快乐无限。

校长帕特里亚·肯尼迪说，圣马克小学是一个非常快乐的学校。这里的教师都非常风趣，大家都喜欢每天到学校里来。

但与此同时，“我们不会放过孩子的任何错误，无论是迟到，还是在家庭作业、行为举止或穿着方面出了问题。任何事情都有章可循。此外，这里的孩子有强烈的自我价值感。”

肯尼迪校长说，学校的成功在于所有教职员工都把学生当成自己的孩子，他们想让自己的孩子获得什么样的教育，就努力为学生提供什么样的教育。

“如果圣马克小学有成功的秘密，那就是每一个教职员工都在想着为学生提供希望自己孩子获得的教育，即尽可能好的教育。督学的评估报告是对圣马克学校的所有工作人员，以及所有学生、家长以及全教区、学区的莫大肯定。”

苏格兰教育部部长休·亨利专程来到圣马克小学祝贺他们取得的成绩。

亨利部长说：“我们希望所有学校都是优秀学校，圣马克小学为我们做出了很好的榜样。只有发挥团队精神，充分发挥每一个人的作用，才会取得这样的成绩。”

圣马克小学只有264名学生，招生范围跨越巴海德的奥肯巴克和斯普林西尔两个地区，22%的学生来自贫困家庭，有获免费午餐的资格。

这所学校受到了家长们的热烈追捧，事实上，三分之一的学生都不是来自学校的招生区域。

圣马克小学获得最高等级“优”的方面包括：教学、学生的学习经历、英语成绩、教牧关怀、风气和人际关系、对学生的要求与学生进步情况、公平与公正、与家长的合作、校长的领导水平、自我评估以及整个学校的管理状况。

剩余的4项指标获得“非常好”，它们是课程结构、数学成绩、满足学生的需求和住宿条件与教学设备。

圣马克小学的学生还因友善、自信、热爱学习、举止得体而受到表扬。督学们认为，内容丰富、搭配合理的课程为学生的精神塑造及个性与社会性发展提供了很好的支持。

有人认为圣马克小学地处富人聚居的郊区，理应做得较好。但东伦弗鲁郡的教育负责人玛丽·蒙泰戈表示，圣马克小学的成功靠的并不是它的地理位置，因为学生的家庭状况及社会背景各不相同。圣马克小学之所以表现得比更富裕地区的学校好，靠的是学校高质量的工作以及当地教育部门给予的支持。

孩子们对学校的评价可以证明一切。一年级的5岁男孩马克说："学校总是很忙碌。很高兴能跟朋友们在一起。"

二年级的雷切尔说："我喜欢在课堂学习各种各样的主题。"

9岁的艾顿说，他喜欢在学校写故事和踢足球。而10岁的劳伦说，他跟自己的老师相处得很好。

肯尼迪校长还说，她为每一位学生感到骄傲。教师告诉孩子们，只要他们努力学习，他们就一定能实现自己的目标。

圣马克小学还鼓励孩子们加入学生委员会，了解不同的文化，学习种族平等与贫困等全球问题。

苏格兰每年的教育督导报告都会评出一所最佳学校，去年的冠军是同样来自东伦弗鲁郡的圣母教堂小学。这所小学在皇家教育督导报告中获得了9个"优"。圣马克小学所在教区的主教菲利普·塔特格利亚表示："圣马克小学是天主教成功办学的具体体现。"

（李茂/编译　译自苏格兰《先驱报》网站）

四、学校发展环境管理与评估

人类活动总是处于一定的外部环境之中，并且受外部环境的影响。"由于社会变得越来越复杂，动态性越来越大，组织就需要对环境力量给予更多的注意，"①，学校作为"公共服务组织，只有不断地与其环境进行能量、信息交换，把投入转变为产出，才能生存发展，实现组织目标"②。面临日趋复杂、多变的外部环境，学校必须加强外部环境管理，准确把握环境变化趋势，理顺各种利益主体的关系，获得稀有资源，为学校发展塑造良好的外部环境。

① 弗莱蒙特·E. 卡斯特，詹姆斯·E. 罗森茨韦克. 组织与管理：系统方法与权变方法（第四版）[M]. 北京：中国社会科学出版社，2000：158

② 陈振明. 公共管理学——一种不同于传统行政学的研究途径（第二版）[M]. 北京：中国人民大学出版社，2003：68

（一）学校外部环境管理的内涵

组织环境是环绕在组织周围的一组要素，它们各自具有潜在的影响力，得以左右组织运作的方式与取得稀少资源的方法。对组织外部环境的认识，历来都有不同的观点，比如，“外部环境可看做是组织边界以外的任何东西，尽管组织的边界是模糊的、不容易确定的”；“外部环境是组织边界以外存在的所有要素，这些要素影响整个组织或部分组织”；“外部环境包括存在于组织边界以外的那些相关的物理和社会因素，这些在组织决策中都必须考虑”。这些定义的基本观点是把环境看做是具有潜在影响和真实影响的概念范畴。[①] 由此，我们认为，学校外部环境是指学校运作所处的组织界线之外的影响学校产生、存在和发展的一切因素的总和。从系统论角度看，凡是影响组织的存在、发展及其变化的因素皆构成组织环境。[②]

学校外部环境管理，是学校既适应环境，又作用于环境的过程，目的是为学校发展创设一个确定性的外部环境，赢得公众的支持，争取在资源竞争中处于优势。学校与外部环境之间的关系是双向对称的关系，也就是说，外部环境不能绝对地影响学校组织，学校组织也不能绝对地控制外部环境，两者是相互影响、协同发展的关系。具体来说，学校外部环境管理，主要涉及两个方面的内容：一是学校把握外部环境信息，更好地适应外部环境；二是学校通过组织变革、组织学习等管理策略主动塑造环境，为组织发展创设更好的外部环境。

（1）学校适应环境的目的，是减少学校发展的不确定性。作为一个开放的社会系统，学校生存与发展面临的最大障碍，就是组织环境的不确定性。罗宾斯指出环境最大的特点是不确定性，环境的不确定

---

① Wayne K. Hoy，Cecil G. Miskel. Educational Administraion：Theory，Research，and Practice［M］，The United States of America：The Clarinda Company，1996：204

② 陈建华．企业组织创新过程中风险的识别研究［J］．商业研究，2004（23）

性程度由两个纬度决定：组织环境的变化程度和复杂程度。[①] 组织环境最大的特点就体现在“变”上，因此一个组织对环境的把握也应该突出地表现在“变化”上，因为组织环境带来的机遇与威胁均离不开环境的变化。[②] 另外，组织环境也是复杂的。对学校来说，外部环境的复杂程度更高，因为学校组织面临众多的利益相关者，并且教育活动与政治、经济、文化、社会的发展都有密切的联系。外部环境的不确定性威胁着学校组织的成败。因此，学校外部环境管理的首要目的，就是把外部环境的不确定性降到最低限度。

（2）学校塑造环境的目的，是了解外部环境对组织的要求，并且努力使组织行为与这些要求相一致，获得更多的外部支持，取得资源竞争的优势。

任何一个组织都是在既定的政治环境中运行的，学校也不例外。政治环境的影响是多方面的，最典型的是，公共组织的存在、它们整体的预算、职员的实践及它们的目标，都是通过政治进程，以法律的形式加以规定和修正的。[③] 政治对学校的影响，主要是通过教育法律或教育政策等制度手段实现的。制度理论的一个基本假设是社会组织或个人的行动须符合在社会中已形成制度的规则、信念和价值观。学校组织也不例外，它们时刻面临着一致性的压力。一致性主要有强制性一致、模仿性一致和规范性一致三种类型。[④] 强制性一致主要来自政治制度的影响；模仿性一致主要来自一些标准化的要求以追求更多的合法性；规范性一致主要来自专业化的要求。

基于以上分析，学校外部环境管理就是通过把握外部环境信息使

---

① 斯蒂芬·P. 罗宾斯. 管理学（第七版）[M]. 北京：中国人民大学出版社，2004：76

② 李善星. 试论21世纪影响组织环境的核心力量［J］. 天津商学院学报，2004（4）

③ 雅米尔·吉瑞赛特. 公共组织管理——理论和实践的演进［M］. 上海：上海译文出版社，2003：45

④ Wayne K. Hcy，Cecil G. Miskel. Educational Administraion：Theory，Research，and Practice［M］. The United States of America：The Clarinda Company，1996：366

组织环境相对确定，通过遵守相关的文化、价值观、规范，获得稳定性的支持，并最终在资源竞争中取得优势的活动。

（二）学校外部环境管理的策略

1. 树立主动、系统管理外部环境的意识

组织环境管理，经历了组织被动适应环境、组织主动应对环境以及组织系统管理环境三个阶段。

早期对组织与环境关系产生较大影响的，是以贝塔朗菲为代表的开放系统理论，认为组织要生存和发展，必须与所处的环境进行物质、能量和信息等方面的交换，否则组织将被淘汰。开放系统理论认识到环境的重要性，是对组织环境关系理论的重要贡献。权变理论进一步指出，组织不仅要对环境开放，还必须考虑如何适应环境问题，认为没有最佳的组织形式可以适应所有的变化，而应当根据具体环境的要求建立相适应的组织。① 权变理论强调组织对环境的适应性反应，而忽略组织对环境的影响力。种群生态理论秉承达尔文的自然选择观点，强调环境对组织的残酷选择，认为组织间的关系以竞争为主，在环境资源有限的情况下，环境通过优胜劣汰选择最强者成为决定组织成败的关键因素，任何试图通过组织再造来提高生存概率的努力都是徒劳的。可见，这种理论只是强调组织对环境的被动适应，“组织只能适应环境而无法影响和改变环境”②，这对社会组织来说是一种消极的宿命论观点。20 世纪 70 年代兴起的制度理论认为，组织不仅在一定的技术环境中运作，而且在一定的制度环境中求生存，组织必须服从制度环境确立的规则和规定，才能获得支持和认可。上述理论的主要观点基本类似，强调组织对环境的被动适应，当然谈不上环境管理问题。

在组织与环境的关系上，组织是否总是处于被动的状态呢？后来

---

① 陈国权．组织和环境的关系及组织学习［J］．管理科学学报，2001（5）

② Aldrich H. E. & Pfeffer J.. Environments of Organizations，Annual Review Sociology，1976（2）

的一些研究者认为，组织不总是被动地采取适应性反应，而是在相当程度上可以通过主观的战略行为来抵御外界的变化，并且影响环境，进而改变所处环境以求有利的地位。比如，查尔德认为，组织并不总是被动地适应环境，组织同时有机会和能力去重新塑造环境以满足自身的目标。① 在该阶段，人们认为，组织通过知识的积累、核心竞争力的打造等策略可主动塑造有利于自己的环境。

无论是组织被动适应环境阶段，还是组织主动塑造环境阶段，人们对组织与环境关系的认识都是对立的。而实际上，组织与环境的关系不是简单的组织决定环境或环境决定组织，二者之间是相互依存、彼此影响的关系。认识到这一点，组织与环境的关系就进入了组织系统管理环境的阶段。组织管理环境阶段是组织被动适应环境与组织主动塑造环境的整合与统一。一方面，组织要主动把握环境，适应环境；另一方面组织可通过目标、结构、战略的调整，塑造有利于组织的外部环境。

2. 建立学校外部环境管理流程

学校要根据“采集信息、监测环境”“分析信息、适应环境”“组织变革、塑造环境”的环境管理流程系统管理外部环境。

首先，学校组织赖以生存的外部环境是不断变化的，包括政治（法律）环境、经济环境、文化环境以及技术环境都在不断演变过程中，这种变化可能对组织有利，也可能对组织不利。因此，组织要通过采集信息、监测环境，建立组织环境的预警机制，避免不必要的损失。具体来说，一要把握国家政治、经济发展的最新动向，关注与学校发展相关的政策、法律、文件的颁布，及时调整组织发展的方面与目标。二要把握教育改革的方向，随时跟踪最新的教育理念，改革学校的课程设置与教育教学方式。三是把握社会文化发展动态，不要成为主流文

① Child T. H. , Meyer A. D. & Hench T. J. Organizational Emergence: The Origin and Transformation of Branson Missouri's Musical Theaters. Organization Science, 2004 (15)

化发展潮流的旁观者，学校作为人类文化继承与发展的重要机构，要勇立于文化发展的潮头，做社会先进文化的创造者与传播者。四要密切关注技术革新的最新趋势，用先进的技术装备组织、提高组织效率。当前技术革命的浪潮一浪接一浪，成为对组织影响最大的环境要素之一，在技术革新面前，学校不能抱残守缺，要勇于接受新事物，勇于变革。

其次，环境信息是复杂多变的，因此，通过环境监测所获得的信息不一定对组织发展都有影响，这就需要分析信息，去伪存真，真正把握对组织生存和发展有重大影响的信息。在分析环境信息的基础上，组织首先要做的是适应环境的变化，这是组织环境管理的第一步。从组织环境管理的程序来讲，适应是管理的第一步，如果一个组织不能把握也不能适应自身所处的环境，那就根本谈不上塑造环境、管理环境的问题。组织要适应环境，并不是说环境对组织的生存和发展具有决定性的作用。因为，组织不是被动地适应环境，而是通过环境信息的分析主动适应环境。

再次，组织环境管理视野下的组织与环境不是孤立存在的。环境在影响组织，组织也在影响环境，组织与环境是协同演进的关系。这就意味着即使处于同一环境的相同的两个学校，由于组织内部结构等的不同，从组织的角度来看，外部环境也是不同的。这就意味着组织可以通过变革，实现对环境的影响，塑造对自己有利的环境。尽管在组织外部的人看来，外部环境可能并没有发生本质的变化，但是对于组织内部的人来说，外部环境已经发生有利于组织发展的变化。组织学习理论重视组织学习在组织环境适应能力方面的作用，“认为组织学习过程既体现了对环境的被动适应性，又在一定程度上表现了组织对环境的能动性，即组织可利用其行为来影响环境，从而使组织与环境之间达到更好的匹配”①。组织塑造环境的目的是实现组织与环境的

① 何铮等．组织环境与组织战略关系的文献综述及最新研究动态［J］．管理世界，2006（11）

匹配，为组织发展创设良好的外部环境。但是组织与环境之间的关系是复杂的，组织与环境之间的关系的匹配，只是一种理想的诉求，在现实中，组织与环境的关系不可能达到完全的匹配；组织只有通过不断提高组织的信息敏感度和变革的灵活性来尽量实现组织与环境之间的匹配。

3. 塑造有机、灵活的学校组织结构

组织环境管理的主要目的是适应环境并获得外部环境中诸要素的支持。因为外部环境是复杂多变的，因此，呆板、单一的组织结构是不能适应外部环境的变化的。早期，当外部环境相对稳定时，组织机构是机械的、官僚的，是以正式的制度规则、标准的运行程序、集中的决策制定为特征，内部人员之间的关系是正式的、清晰的、非情感的。这类组织主要依靠规范的行为、机械的组织结构来保证组织的效能和效率。而现在，学校组织处于高度不稳定的环境中，为了适应这种剧烈的环境变化，学校组织结构必须向有机的、灵活的、适应性强的方向变化。这种组织结构的特征是：硬性的规章制度比较少，运作过程是非正式约定的，决策制定是松散的，内部的人际关系是非正式的、个人的、灵活的并且还有些模糊。

最有效的组织结构是适应环境的组织结构，即稳定环境中的机械、官僚结构和不稳定环境中的有机、灵活结构。而在当代社会，稳定环境几乎是不存在的，因此，组织环境管理首先要建立更加灵活和更具适应性的组织结构，在必要的时候能够及时通过组织变革适应环境的变化。从有利于环境管理的角度来说，有机、灵活的组织结构除了特征与人际关系的变化外，还要注意两点：一是为准确预测外部环境的变化趋势，需要在组织内部设立一个专门的机构，负责组织环境管理的计划与预测工作。这个机构最重要的任务就是根据环境变化的趋势给出可能采取的组织变革计划，增加组织的适应性。二是为预防未知的环境变化对组织造成猛烈冲击，给组织带来毁灭性的打击，组织内部必须建立缓冲系统。缓冲系统就是在组织和环境之间建立起一道保护层，主要作用就是对环境与组织之间的信息交换进行控制，可对环境中有可能对组织产生剧烈影响的环境要素变化进行缓冲，从而为组织赢得更多的应对时间。

（三）学校外部环境管理评估

学校发展绝不可能在一种“标准”环境下进行，因此，封闭地看待学校发展，排除外部环境中的各种影响因素可以说是行不通的。20世纪60年代初提出的开放系统理论非常符合学校组织的状态。今天，越来越多的人认识到，学校不仅是一个社会系统，而且是一个开放的社会系统。根据开放系统理论，组织是一个通过与其环境的输入和输出来调节其生存状态的自我维持系统。① 从开放系统的角度看学校，学校外部环境管理就有了必然的功能与价值。具体来说，可从以下几个方面来评估学校外部环境管理的效果。

1. 学校外部环境管理能否为学校打造稳定的信息环境

按照信息不确定性观点，外部环境可被看做一个信息源，来源于外部环境的各种信息源时刻冲击着学校，学校必须进行复杂的信息处理过程，以明确信息对组织的影响。对学校来说，及时获得准确、完整的信息是至关重要的。学校外部环境管理直接关系到学校掌握外部信息的质量与数量，进而影响到学校环境的确定性。通过外部环境管理，可以在学校组织内部建立通畅的信息沟通渠道，及时把握外部环境信息。具体来说，一可以在组织内部形成畅通的沟通网络，实现信息的准确、快速的传递，为组织主动适应、塑造环境提供良好的内部条件；二可在组织内部形成民主、平等的沟通氛围，避免专制信息环境的形成，保持组织内部正常的信息流通，提高组织应对外部环境变化的敏感性。三可以促使学校利用先进技术打造立体多元的信息接收

① 马克·汉森．冯大鸣等，译．教育管理与组织行为［M］．上海：上海教育出版社，2005：138

平台，保持学校与外部环境的时刻联通，时刻把握外部环境的变化趋势并及时应对。

2. 学校外部环境管理能否为学校赢得广泛的支持

学校外部环境管理还有一个重要的作用，就是通过环境管理了解制度、文化以及利益相关者对学校的要求，并且努力使组织行为与这些要求相一致，获得更多的外部支持。政府政策的倾斜、教育资源的供给、求学者的拥护、社会捐助者的支持都与学校的发展密切相关。通过学校外部环境管理可及时把握利益相关者对学校组织的发展要求，有助于处理好学校与利益相关者的关系，以获得它们的支持。对学校来说，政府、社区、学生（家长）都是重要的利益相关者。政府是代表社会公众的普遍、共同的利益来行使社会管理权力的机构。与政府保持良好沟通的目的，是争取政府及各种职能部门对本组织的了解、信任和支持，从而为组织的生存和发展争取良好的政策环境、法律保障、行政支持和社会政治条件。① 社区是学校赖以生存的区域环境，学校通过外部环境管理把握社区公众对学校发展的要求，争取社区公众的理解、信任和支持，可为组织创设一个稳定的生存环境，获得立身之本。学生（家长）是与学校有直接利害关系的服务对象，学生（家长）对学校服务的良好印象和评价，可为学校发展提供信誉支持与良好的口碑。

3. 学校环境管理能否使学校获得更丰富的资源支持和更广阔的生存空间

外部环境是学校的资源来源，而资源具有稀缺性的特点。学校要生存要发展，就必须在与其他组织的资源竞争中取得胜利。教育资源非常贫乏，教育投入相对不足一直是我国教育的常态，这造成了各类教育机构对有限教育资源的激烈竞争。学校外部环境管理的最终目标，就是使

① 李道平等. 公共关系学［M］. 北京：经济科学出版社，2000：101－103

学校在与其他同类组织的资源竞争中取得胜利，为组织发展打下坚实的经济基础，获得更广阔的生存空间。首先，作为公共服务组织，离开公共财政的支撑，学校就没法生存和发展。通过学校外部环境管理把握政策走向，是获得公共财政支持的主要途径；其次，学校作为教育服务组织，发展的基础是有服务对象，离开了服务对象，学校就失去了生存空间和经济来源。通过学校外部环境管理，理顺与服务对象的关系，满足服务对象的教育需求，可为学校发展提供更广阔的平台。再次，作为承担社会公共服务的机构，学校的发展与社会和公众的支持是分不开的。在教育投入日益多元化的今天，学校吸引社会力量的支持是获得竞争优势的主要途径。通过学校外部环境管理，处理好与社会组织、公众的关系可为学校发展塑造更好的社会支持氛围。

【拓展阅读】

美国威斯康星州基础教育成功学校的评价内容与标准①

1. 办学理念

办学理念包括办学使命、办学目标、办学原则及学校中长期发展规划等。一所成功学校应该具有以下办学理念。

（1）对每个学生的发展负责，为学生的知识、技能、身体、心理发展建立明确的发展目标与评价标准，及时评价学生各方面的发展。

（2）成人教育与成才教育并举，学校不仅要向学生传授知识与技能，还要把学生培养成合格、健康的良好公民。

（3）尊重学生个性，因材施教，对教师的要求应符合教师的能力。

（4）教育公平与教育优异同等重要，不能顾此失彼，应共同促进。

（5）办学应有开阔的视野，应调动社区、家庭、企业界人士、社区组织及学术组织广泛参与学校建设，同时宣传学校的办学理念，争

① 侯威．美国威斯康星州——基础教育成功学校的评价［J］．教育评估，2005，(8)

取各方面的智力支持和财政支持。

(6) 办学理念不是空洞的口号，应落实到具体的操作层面，必须制定切实可行的实施计划、详细的实施办法，做好时间安排。

(7) 办学理念应与时俱进，要不断结合新情况、新问题，广泛与各界人士进行研究，使学校的发展始终处于时代前列。

2. 领导能力

落实学校的办学理念，促进学校的发展与壮大，需要一支高效率、有魄力的领导队伍。学校领导的领导能力，主要体现在能否最大限度地促进教育的公平与学生学业的优异。学校应当树立人人都是领导者、人人都为学生发展负责的理念。领导者与教师应了解、尊重、满足不同文化背景、生活经历及不同种族学生的需要，为学生提供高水平、与其个体文化相关的课程，保证学生达到课程要求。领导者应保证为学校的正常运转提供必需的财力和物力资源。衡量领导者能力的具体标准有如下一些

(1) 良好的应变能力与适应性：领导者要能够接受变化，适应变化，促进变化，不墨守原有的管理规则，应不断开拓创新。

(2) 领导决策应有广泛的民主参与，能从不同渠道收集信息，制定决策应以学生的发展为本。

(3) 领导者应以协商、平等的姿态与教师沟通，不用行政命令的方式指导教师工作。

(4) 领导者应以身作则，以言行影响下属。

(5) 领导者应有敏锐的洞察力，了解教师、学生的需求，多为教师、学生创设发展与学习的机会，多提供现代化教学技术，减轻教师的日常工作负担，满足弱势群体家庭子女的教育需求。

(6) 领导者要成为学者型领导，要了解教育研究的动态，参与教育研究，指导教师的教育实践。

(7) 领导者要有良好的沟通能力与社交能力，要不断与社区、家庭合作，争取各种群体对学校的最大支持。

3. 学生较高的学业成就

任何国家对学校教育进行评价时，学生的科学文化知识掌握水平，即由各种考试所体现出来的学生的学业成就，都是衡量学校教学优劣的一个重要标准。教育是为未来社会培养建设者，知识是学生自我成长及促进社会发展的资本，对学生学业成就及时、科学、准确的评价，可为学生本人及其家长、教师提供学习、教学与指导的目标和方向。

4. 学生良好的道德品质

教育的最终目的是使个体社会化。社会化包括两个方面，一是具有参与社会生活的能力，如健康的体魄、丰富的知识和熟练的技能；二是具有参与社会生活的品质，如良好的合作、沟通能力及平等、负责的生活态度等。因此，教育肩负着使学生成人与成才的双重使命。学生良好品质的养成是衡量成功学校的又一条标准。美国学校的品德培养强调公平、正义、包容等政治理念的形成；鼓励学生自主、自立，关心他人，为社会作贡献，做民主社会的合格公民；突出学生判断力、批判能力和冲突解决能力的训练。

评价学校道德教育的标准有以下一些。

(1) 以尊重、诚实、勇敢、负责等理念为核心，塑造学生的价值体系。

(2) 创造民主、公平、正义的学校氛围，杜绝歧视、嘲讽、暴力等行为。

(3) 鼓励学生积极行使民主社会的公民责任，以积极的方式解决种族、文化冲突等问题。

(4) 鼓励学生尊重传统，与成人建立平等的伙伴关系。

(5) 对师生的言行予以指导与规范。

(6) 为学生提供丰富多彩的文化课程和综合课程，鼓励学生积极参与学校活动。

(7) 争取家庭及社区的支持与帮助，共同促进学生良好道德品质的形成与完善。

5. 家庭、学校、社区的伙伴关系

中小学教育是一个浩大的系统工程，学生知识与品德的形成与发展决不是学校能包揽的，家庭、社区在学生的成长中发挥着重要的影响作用。因此，成功的学校教育决不能忽视家庭和社区对孩子的影响，必须整合三方面的教育力量，做到以下几点。

（1）学校领导倡导学校、家庭、社区建立伙伴关系，三方保持沟通，尽可能满足学生的需要。

（2）学校鼓励教师、家长、社区成员设计各种教育活动，通过活动密切彼此的联系，共同致力于学生的发展。

（3）创建多种家校联系方式，鼓励家长和社区成员充当志愿者，参与学校活动，改善与社区的关系。

（4）提倡教师、领导者尊重家长，家长可参与学校决策，享有发言权，能发挥其影响力。

（5）家庭、社区、学校在对学生的教育中各具优势，三方应优势互补，协同合作。

6. 教师较高的专业发展水平

良好的师资队伍是学校成功的关键因素，教师的专业发展是学校可持续发展的保障。教师只有持续学习与发展，才能保证较高的教学水平，从而使学生达到较高的学业成就，因此成功学校的领导者必须为教师的专业发展提供充足的资源。衡量教师的专业发展水平有以下标准。

（1）学校重视教师个体与群体的专业发展，教师专业发展与学生的学业成就紧密相关。

（2）教师专业发展是专业知识与教学技能的统一发展。

（3）教师专业发展要关注教学和促进全体学生的学习。

（4）专业发展是基于研究的，与教师的工作相关。

（5）学校对教师的专业发展有具体的组织、指导与帮助。

(6) 专业发展应使教师能满足不同背景学生的学习需要。

(7) 学校对教师专业发展的评价应以教师实际教学能力为依据。

(8) 教师专业发展要求教师的知识要不断更新，要了解心理学和教育学的最新研究成果。

7. 收集信息

一所成功的学校必须对教师和学生的现状有充分的了解，这就需要收集与教师和学生相关的信息，如学生的学业成就水平、学生的家庭状况及其行为表现、教师对学校的看法等。信息的收集有利于了解学校的进步与不足，从而有的放矢地制定决策，促进学校进一步发展。评价学校信息收集方面情况的标准有如下一些。

(1) 利用多种渠道收集信息，如访谈、问卷、资料分析等。

(2) 信息来源于多方面，既来自教师、学生，又来自家庭、社区。

(3) 信息收集的目的是提高教学水平，信息收集要有明显的促进学生学业提高的效果。

(4) 收集的信息应与家庭、社区共享，以共同促进学生的发展。

(5) 根据信息调控教学，努力缩小学生之间学业成就的差距。

以上七方面评价内容是从学校内部管理的角度对优质教育的界定，它没有涉及政府如何从宏观办学体制和管理体制上促进优质教育的发展。事实上，优质教育是需要政府和学校共同努力的。

第七章

中小学校长领导效能评价及提升

一、中小学校长领导效能

校长提高其领导效能是一项艰巨的挑战，也是一种严肃的责任。和以往任何时候相比，今天的学校组织，更需要有效能的领导者。一方面，在学校管理权力下放的背景下，校长领导效能成为学校发展的关键；另一方面，学校组织以及学校外部环境的复杂性，要求校长必须具备激发学校组织成员努力达到目标的素质与能力。

（一）效能

对于什么是“效能”，可谓“仁者见仁，智者见智”。要分析“效能”，首先要明确两个概念：效率与质量。效率是指“单位时间内完成的工作量”，质量是指“工作的优劣程度”。[①] 一般认为，效能是效率与质量的统一体。就国外研究来看，亚当斯（A. Adams）在研究学校效能时，把“效能”与“质量”等同了起来，认为质量是效能的关键。霍伊（W. K. Hoy）则认为，效率与质量在本质上是一致

---

① 见《现代汉语大词典》，商务印书馆，1996 年修订版

的。[1] 可见，对效能的认识首先是基于价值判断，即效能强调的是质量，是工作的效果和价值；其次效能也关注数量，即工作的时间、数量及成果的多少。以校为家的工作精神值得提倡，但校长在工作勤勉的同时，要注意工作的质量和效果，即所做的工作对学校发展、教师工作和学生进步是有意义的。可以这么说，质量是一种价值判断与价值选择，效率是完成工作时所表现出来的速度。如果校长整日忙于对学校没有太大意义的工作，即使有再高的效率，其领导也是无效的；另一方面，在数量有限的情况下，质量再高，其效能也十分有限。

（二）领导效能

领导效能是一个相当复杂和具有可变性的概念，即使在领导与效能两个概念已经给定的情况下，要准确界定领导效能的概念也非常困难。

人们对领导概念的认识尚存在一定的分歧。查找各类文献，不难发现对领导的定义不下几百条，可见人们对领导的定义尚未形成一致的看法，但这些定义在以下三个方面大致相同。

（1）领导是一个集体现象，只有在两个或两个以上的人进行交往时，才能产生领导。也就是说，没有下属就没有领导者，领导总是包含着人与人之间的相互影响和服从。

（2）领导是有意识地去影响别人的行为，达到某一目标的活动。领导是目标导向的活动，在组织中起着重要的作用。

（3）领导的存在是以组织内的等级存在为前提的。一般来说，等级是正式的、规范的、易于界定的，领导者处于组织内等级的最顶层；但组织内也存在非正式的、非规范的、灵活易变的等级，比如，

① Wayne K. Hoy，Cecil G. Miskel. Educational Administraion：Theory，Research，and Practice［M］. Library of Congress Cataloging-in-Publication Data，1996

非正式群体的领导者、学术权力等级等。

综合上述三方面的因素，我们可把领导定义为“对一个组织内的个体和群体施加影响，引导他们完成组织目标的活动过程”。具体来说，领导是一个组织的目标和方向，领导要聚精会神于愿景（即一个组织应该持有的方向），要吸引他人积极地追求组织的战略目标。孔茨认为，领导是指“影响人们心甘情愿地和满怀热情地为实现群体的目标而努力的艺术或过程”。[①] 可见领导是一种影响力，是一种使其追随者不断追求共同目标的过程。

按照上面的分析，领导效能在一定程度上是指领导影响下属实现组织目标的效果。领导效能体现在领导工作上也是质量与数量的统一。领导工作既要有利于组织的发展，也就是说对组织来说是有价值、有意义的；另一方面，领导工作也要有数量观念。理论上虽然可以这么说，但领导效能具体体现为什么，至今没有形成一致的观点。不同的领导效能理论，持有不同的观点。按照领导特质理论的观点：有效的领导者需具备一系列一致而独特的特质，例如应急能力、适应性、责任感、情绪稳定性、智能水平等。[②] 按照领导行为理论的观点，有效的领导者都具有特定的领导行为。一般认为，领导若能既关心组织也关心人，其领导效能就高。而按照权变理论的观点，领导效能是一个函数关系：领导效能 = f（领导者、被领导者、环境），也就是说领导效能是受领导者、被领导者以及环境诸多因素影响的，不存在唯一的、适用于一切情景的领导行为。

（三）校长领导效能

校长作为学校组织的主要领导者，与一般组织的领导者相比，有

① 哈罗德·孔茨，海因茨·韦里克．管理学（中译本）［M］．北京经济科学出版社，1993

② Fred C. Lunenburg，Allan C. Ornstein. Educational Administration：Concepts and Practices. Wadsworth Publishing Company，2000

其特殊性。学校组织作为公益性的教育服务组织，校长领导的效能与一般组织领导的效能之间也有一定的差别。因此，界定学校领导，既要遵循一般意义上领导的含义；也要兼顾学校组织的特点。美国教育管理政策委员会（the National Policy Board for Education Administration）把学校领导描述为：（1）为个人和团队提供目标和方向；（2）塑造学校文化和确定价值观；（3）促进学校制定战略规划并确定愿景；（4）确定目标并与员工一起规划变革工作；（5）在考虑社区和学区的优先事项及师生员工的需要的前提下，确定学校自己的优先事项。[①]

可见，校长领导与一般意义上的领导在本质上是一致的。校长领导也是一种以目标为导向的影响活动。校长领导的特殊性是由学校组织的特殊性决定的。学校作为提升人的素质、开发人力资源的特殊组织，具有自己独特的使命与特点。

（1）从学校组织的特点来看，学校组织是松散组织或“软性”组织。校长在领导学校发展的时候，很难做统一的要求。比如，学生有不同的个性特点，学生教育需要“因材施教”；教师有不同的工作方法，教师管理不能搞“一刀切”；等。

（2）从学校教育活动的特征来看，学校活动具有教育性。校长首先需具备教育教学能力、课程管理能力、指导学生发展等基本能力，这是保证其领导效能的基础；其次校长应树立教育人、培养人、发展人的教育思想，鲜明的教育思想是其领导效能的重要保障。

（3）从学校教育活动的对象来看，学校教育活动的对象是人不是物。学校教育活动是教育者有计划、有组织地引导和教育受教育者的活动。学校组织活动是人与人之间的关系，不是人与物或物与物之间的关系，人具有主观能动性，因此需要教育者与受教育者之间的合作。

（4）从学校教育的功能来看，学校教育的主要目的是发展人的身

① Matthews, J. Analysis of Seven Frameworks of Educational Leadership. Charlottesville, VA: National Policy Board for Educational Administration ［M］. 1994 - 01 - 19

心，提高人的素质，是一个以社会效益为重的活动，因此学校教育具有公共性。

结合领导效能的三个要素和学校组织的特殊性，我们认为，校长领导效能主要包括下列维度：(1) 校长在领导学校发展过程所表现出的素质与能力，这是其领导效能的基础。这些素质与能力必须符合学校组织的特点。(2) 校长在工作过程中的行为特点。主要体现为校长的领导行为。(3) 校长工作的实际效果。效果是质量与效率的统一。这就要求校长在工作勤勉的同时要注意工作的质量，即所做的工作对学校发展、教师工作和学生学习是有意义的。具体来说，领导效果表现在个人的、组织的、组织成员的三个方面。

需要强调的是，校长领导效能最终都要落实到学校发展目标的实现与学生的发展上，这是由教育的本质属性决定的。学校组织的根本任务是促进全体学生的全面发展，这是校长在领导学校发展的过程中必须坚持的基本原则。当然，校长在学校组织里面是一个多元化的角色，一般来说具有领导者、教育者与管理者三种角色。长期以来，我们过于强调校长的教育教学角色，“教而优则仕”的现象较为突出，忽视了校长的领导者与管理者的角色。在教育事业蓬勃发展的今天，这一弊端日益显现，因此，当前必须强化校长的领导效能意识。校长作为领导者，要做好下面几方面的工作[①]：①准确定位学校现状；②预设学校的远景目标；③与全体师生就远景目标达成共识；④界定学校变革的能力和限度；⑤规划并实施变革；⑥个人为全校树立榜样；⑦授权给教职工；⑧建立起互相信任的良好关系；⑨监测和评价学校的发展；⑩对他人持欣赏态度并表扬他人取得的成绩；⑪关心员工、学生和学校；⑫激励学校员工和学生；⑬运用人际沟通技巧改进个人间和团队间的人际关系。

---

① Speak，M.（1999）. The Principalship，Prentice-Hall Inc. 校长专业化：知识基础和制度保障，中国教育管理评论（第1卷）［M］. 北京：教育科学出版社，2003

作为校长，其领导效能主要体现在上述工作完成的效果。简单来说主要有三个方面：关注教育教学工作，促进学生的进步；教师的任用、激励与评价；资源的合理利用与绩效提高。

（四）校长领导效能研究的三大理论流派

1. 领导特质理论

在早期研究中，研究者都试图概括出成功领导者的特质，以确定什么样的人适合做领导。这个时期，人们普遍认为，领导者的特质是决定一个人能否成为领导的唯一因素，带有“遗传决定论”的错误思想。后来人们逐步认识到，不单是个性品质，情景也是一个人能否成为领导的关键因素。因此，后期的领导特质理论研究转向了比较有效领导与无效领导之间的差异，寻找影响领导效能的关键特质。1970 年，斯托格迪尔在整理有关领导特质的研究后认为，领导者应具有以下特质：①有强烈的责任心和完成任务的内驱力；②在追求目标的过程中有活力，有毅力；③在解决问题时有冒险精神和创造性；④在社会情景中表现出主动性；⑤自信，有个性；⑥愿意承担决定和行动的后果；⑦随时准备承受人际间的压力；⑧愿意去忍受挫折；⑨具有影响别人行为的能力；⑩为实现近期目标而去建构相互作用系统的能力。[①]

1990 年，伯纳德·贝斯和拉尔夫·斯塔格蒂尔在早期研究的基础上，概述了 1949 年到 1990 年间发表的三百多项领导特质研究的结果。后来，加里·尤克尔对他们的结果重新进行了整理和评估，从特质和技能两个纬度概述了领导的关键品质，[②] 将其概括为应急能力、适应性、责任感、情绪稳定性、智能水平五个维度。

---

① Wayne K. Hoy，Cecil G. Miskel. Educational Administraion：Theory，Research，and Practice［M］. Library of Congress Cataloging-in-Publication Data，1996

② Fred C. Lunenburg，Allan C. Ornstein. Educational Administration：Concepts and Practices［M］. Wadsworth Publishing Company，2000

学校组织的特殊性决定了校长除了具备一般组织领导人的特质外，还应具有符合学校组织特点的独特品质。因此，很多学者、教育科研机构对校长特质进行了专门研究。霍伊对有效学校领导的特质进行了分类研究。① 他把领导特质分为三类，即个性、动机、技能。其中个性包括自信心、对压力的忍受、情感成熟度和诚实；动机包括任务、人际交往需要、价值和期望；技能包括技术上的技能、人际关系上的技能、理论的技能和管理上的技能四个方面。1994 年，迈色斯（Joseph Matthews）与美国教育管理政策委员会一起提出了 21 个校长特质组合领域。② 美国州际学校领导者资格认证协会（the Interstate School Leadership License Consortium）也在 1996 年拟订了学校领导效能的标准。这些研究注意了学校组织的特点，在教育教学、课程、学生指导与发展等方面提出了校长应具备的特质，有一定参考价值。

我国校长特质研究的侧重点与国外不同。突出的表现是国外看重的是职业素质与专业技能，我国关注的是政治素质与道德修养。比如萧宗六先生从政治素质、业务素质、思想素质、身体素质四个方面提出了中小学校长应具备的基本素质。③ 1991 年6 月25 日教育部颁布的《全国中小学校长任职条件和岗位要求（试行）》也对中小学校长的岗位要求提出了原则性的要求，从基本政治素养、岗位知识要求、岗位能力要求三个方面界定了对中小学校长的基本要求。④

---

① Wayne K. Hoy, Cecil G. Miskel. Educational Administraion: Theory, Research, and Practice［M］. Library of Congress Cataloging-in-Publication Data, 1996

② Matthews, J. (January 19, 1994) Analysis of Seven Frameworks of Educational Leadership。Paper-Presented to the National Policy Board for Educational Administartion.《教育管理：基于问题的研究方法》，威廉·G. 坎宁安，保拉·A. 科尔代罗．赵中建，译．江苏教育出版社，2002 年版

③ 萧宗六．学校管理学［M］．北京：人民教育出版社，1994

④ 教育部政策研究与法制建设司．现代教育法规与政策选编（中小学教师读本）［M］．北京：教育科学出版社，2002

2. 领导行为理论

领导特质理论，对于明确什么样的人适合做领导有一定的帮助。但后期的研究发现，即使某些人具备成功领导的特质，并不能保证其成为有效的领导。这时，人们发现，有效的领导在领导行为上有与众不同的地方。于是，领导行为理论应运而生。领导行为理论，旨在寻找有效的领导与无效的领导在行为上的差别，试图搞清有效的领导究竟应做些什么、如何做的问题。

领导行为理论的研究者首推勒温，他率先提出了领导的三种模式——权威型领导、民主型领导、放任型领导。后期的领导行为研究，把领导行为分为两个维度，一个维度是关心组织（以生产为中心）；一个维度是关心员工（以人为中心）。领导行为理论在两个维度的基础上，演绎出几种典型的领导行为理论，其中具有代表性的是领导四分图理论和管理方格理论。① 领导四分图理论和管理方格理论基本上得出了相同的结论：一个有效的教育领导者，既要关心组织也要关心人。加拿大公立学校开展的校长领导行为与学生学业成绩的相关性研究表明，校长关心组织与关心人的程度与学生的学业成绩有明显的正相关。② 美国俄亥俄州的领导行为研究也表明，高关心组织和高关心人的领导行为能够产生较高的满意度和绩效。因此，作为校长，应注意关心组织与关心人的整合，在提升人的尊严与价值的过程中发展学校；在追求组织效率和技术进步的同时，兼顾人的自身价值的实现。这是领导行为理论给我们的启示。

随着外部环境变化的加剧，一些学者认为，把领导行为分为关心组织和关心人不能很好地反映环境迅速变化的现实，于是在领导行为

---

① 孙耀君．西方管理学名著提要［M］．南昌：江西人民出版社，1995

② Fred C. Lunenburg ，Allan C. Ornstein. 教育管理学：理论与实践［M］．孙志军，金平等译．北京：中国轻工业出版社，2003

中加入了第三个维度——发展维度。[①] 具体来说，就是领导者应根据外部环境的变化，不断更新价值观念，不断追求变革，促使组织不断成长。简言之，就是要求领导者有创新行为，能与时俱进。在学校外部环境日新月异的今天，这种观点有重要的参考价值。

我国对校长领导行为的研究，基本上还是国外理论在中国的验证性研究。当然，也有自己的一些特色。首先，当前我国的教育管理处于从经验的、人治的、非理性的传统管理阶段向科学的、法治的、理性的现代管理阶段过渡的过程当中。在过渡过程中，我们强调的是理性与效率，因此，我国校长的领导行为对人的关心不够。其次，我国中小学面临的内外部环境变化很快，但对校长的创新行为不是很重视。再次，我国校长领导效能的一个重要基础是自身道德行为的伦理性。20 世纪 80 年代后期，我国学者开始采用行为科学的方法对领导问题展开了一系列的研究，其中影响较大的是 PM 理论的中国化研究以及 CPM 模式的提出。CPM 模式较 PM 理论，新增了 C（品德因素）。CPM 模式更符合中国的国情和文化，在中国，一个领导者只有正确地处理好对工作（P）、对他人（M）以及对自己（C）的关系，才能发挥领导的作用。[②]

3. 领导权变理论

领导行为理论研究最终表明，适用于一切情景的领导行为是不可能存在的。领导是一种众多因素影响下的复杂行为。领导的效能如何，取决于领导者的个性特质、被领导者的特征以及领导情景等多方面的因素。领导权变理论不再研究关心人的领导有效还是关心生产的领导有效等问题，而是关注在特定的领导情景下，采取什么样的领导行为才是有效的。

---

① Fred C. Lunenburg，Allan C. Ornstein. 教育管理学：理论与实践［M］. 孙志军，金平等译. 北京：中国轻工业出版社，2003

② 戴良铁，白利刚. 管理心理学［M］. 广州：暨南大学出版社，1998

1962 年，费德勒（F. Fiedler）提出了“有效领导的权变模式（Contingency model of leadership effectiveness）”，即费德勒模式。[①] 该模式认为：领导者与下属的关系、任务的结构和领导者的职权三者，共同决定情景对于领导者来说是否有利。为了便于理解，费德勒把每一个要素分为两个维度，并把三者以一种简单的方式结合起来，形成了八种可能的组合，从最有利的情景到最不利的情景依次排列。最有利的情景（领导者的影响力最大）是领导者与下属关系融洽，任务是高度结构化，并且领导有较大的职权。最不利的情景（领导者的影响力最小）是领导者与下属的关系很糟，任务是非结构化的，并且领导者的职权较小。

继费德勒的权变论之后，20 世纪 70 年代初，一种新型的领导权变理论颇受重视，这就是加拿大多伦多大学教授豪斯（R. J. Howse）的途径—目标理论（Path goal theories）。该理论的基本前提是：某些领导行为之所以有效，是因为在该情景中，这种行为有助于下属人员达成和工作有关的目标。豪斯等人认为：领导是一种激励部下的过程。领导方式只有适用于不同的部下和环境时，才是有效的。因此，选择领导行为主要考虑两个方面的因素——下属的个性和环境因素。下属的个性包括能力、归因方式、需求和动机等；环境因素包括工作任务、主要的工作群体和正式的权力体系等。

另一个比较著名的权变理论是由赫西（PauL Hetsey）和布兰查德（Kenneth Blanchard）提出的领导情境理论。赫西和布兰查德认为，领导行为以情景中领导者与下属的关系（支持）与任务（指导）行为的数量多少为基础；同时，关系和任务行为的数量又是以追随者完成任务所需的成熟度为基础的。[②] 所以，领导者应选择与下属的成熟度

① 姜发奎，刘银花．领导科学［M］．大连：东北财经大学出版社，2002

② Blanchard KH，Hersey PG. Great Ideas Revisited［J］. Training and Development Journal，1996

相匹配的领导行为。

近几年来，我国学者日益重视权变理论在学校管理中的应用。比如有学者在分析权变理论的思想、模式后指出，要实现领导的效能，校长必须具有领导机智，即根据情境的需要，改变自己的管理方式。[1]但目前来看，校长究竟如何根据教师的特点、学校工作的结构特点、学生的个性差异以及自身的特点来选择领导方式，还没有实证性的研究与分析。随着我国教育管理体制的改革，学校内部的权力特征在不断变化；在学校工作开展的不同阶段，学校工作的任务特点也不尽相同，所有这些，都要求我们加强对校长领导权变理论的研究。

二、中小学校长领导效能评价

（一）中小学校长领导效能的评价模式分析

校长评价在长期的研究发展过程中，逐步形成了如下几种模式。

（1）目标效能模式。就目标模式而言，如果校长领导的结果达到或超过学校的目标，则校长领导是有效的。

（2）资源依赖模式。资源依赖模式这样定义效能：校长如果有能力在不利环境中找到有利条件并且利用这些有利条件来获取有限的、有价值的资源并达成目标，则其领导就是有效的。[2]

（3）需求满足模式。需求满足模式的基本假设是，如果学校在校长的领导下能够满足相关利益人士或团体的期望，那么校长领导就是有效的。

（4）环境适应模式。[3] 学校作为一个开放的系统，无时无刻不受

---

① 唐宗清．权变领导论的基本思想、主要模式及对校长工作的启示［J］．教育评论，2001（6）

② Wayne K. Hoy，Cecil G. Miskel. Educational administraion：theory，research，and practice［M］. Library of Congress Cataloging-in-Publication Data，1996

③ Keely，M. Impartiality and participant-intesest：Theories of School Organizational Effectiveness［M］. Administrative，Science Quarterly，29：1－25

到社会系统中诸如信息环境、资源环境以及制度环境的影响。环境适应模式的基本假设是，如果学校能够适应自身所处的环境，得到公众的认同，获得更多的支持与赞助，那么校长领导就是有效的。

（5）组织学习模式。[①] 该模式认为目标的达成、资源的获得等等，最终都应体现在组织的发展上。因此，如果校长的领导能够促使学校组织成员不断学习、不断发展，那么其领导是有效能的。

（6）自我发展模式。根据马斯洛的需要层次理论，人都有自我发展的需要，领导者也不例外，在实施领导的过程中，领导也要实现自己的人生价值。如果实现了，领导是有效的，反之，就是无效的。

这些模式对于建立中小学校长领导效能评估体系有基础性意义。我国对校长的评价还存在很多问题。其一，对学校效能的评估过于看重学生的学业成绩，对校长在学校发展中的领导作用认识不足。其二，对教育领导的认识不是很明确，往往忽视学校领导的特殊性。其三，在领导效能模式上，还局限于目标导向模式，而认识不到现代管理理论、环境的变化等对校长领导的新要求。所以，有必要建立一个反映学校组织特点与外部环境变化的校长领导效能评估模式。

校长领导的效能是由校长的特质与领导情景影响下的领导行为直接决定的，并最终体现在领导效果上。按照霍伊的观点，校长领导效能的效果有三个维度：个人的、组织的与组织成员的。[②] 因此仅仅抓住一个方面或几个方面来确定校长领导效能的评价模式难免有失公允。因此，笔者倡导全面评估模式，即从校长的素质与能力要求、领导行为、领导情景与领导效果上，全面评价校长领导的效能。

---

① 彼得·圣吉．第五项修炼——学习型组织的艺术与实务［M］．上海三联书店，1994

② Wayne K. Hoy，Cecil G. Miskel. Educational Administraion：Theory，Research，and Practice［M］. Library of Congress Cataloging-in-Publication Data，1996

（二）中小学校长领导效能评价指标的确立

由于校长领导的效能涉及很多方面的因素，因此在界定校长领导效能的评估项目时有一定的难度。另外，校长领导效能是受领导情景影响的，每位校长所处的领导情景不同，相同的领导行为，可能其领导的效能也有所不同。但有一点是不容置疑的，作为学校组织的主要领导人，校长必然具备一些普遍的素质、能力与行为要求。因此，本文所欲确立的评估项目是抛开情景因素，根据理论分析与问卷调查所确立的对校长领导效能的一般要求。因此，主要从校长的素质与能力、领导行为与领导效果三个角度来确立中小学校长领导效能的评估项目。

中小学校长的素质与能力，主要包括管理能力、业务素质、人际关系能力、身心与思想素质。领导行为主要包括道德行为、关心人的行为、关心组织的行为与创新行为。领导效果主要包括个人的、组织的和组织成员的三方面的效果。详见下表。

表 7－1　中小学校长领导效能评估体系

指标 名称	一级指标	二级指标	三级指标	具体指标
中小学校长领导效能评估体系	中小学校长的素质与能力	管理能力	决策能力 组织能力 评价能力 资源获取与利用能力	目标认同度、授权程度、组织成员贡献的认同、合理评价教师与学生、合理利用资源、保证教育教学资源等
		业务能力	课程管理 德育能力 教育教学指导 学生发展指导 教育教学科研 校园文化	课程设置是否有利于学生的成长与发展 能否对教师的教育教学提供指导 对学生的发展能否提供帮助与指导 是否支持教育科研 能否培育优良的校园文化等

（续表）

指标 名称	一级指标	二级指标	三级指标	具体指标
中小学校长领导效能评估体系	中小学校长的素质与能力	人际关系能力	协调能力 公关能力 沟通能力 团队建设	人际关系的融洽度、学校的外部形象、信息是否畅通、学校教职员工的团结与合作、组织气氛等
		身心及思想素质	身体方面 心理方面 个性方面 道德方面 价值观方面	身心健康、有自信心、情感成熟度、诚实、对工作有高期望；价值观清晰明确，有利于学生的发展等
	中小学校长的领导行为	道德行为	生活方面 工作方面	有道德意识、遵守道德规范，有敬业精神、热爱教育事业，热爱学生
		关心人的行为	生活方面 工作方面 激励方面	师生合理需要的满足、学习与晋升机会、教职员工积极性的发挥等
		关心组织的行为	组织目标 组织发展	组织目标的实现、学校的发展状况等
		创新行为	适应环境方面的变革	学校是否根据外部环境的变化改变自己的目标、是否适应教育改革的变化等
	中小学校长的领导效果	个人的	目标 自我实现 满意度	自己的职业目标与职业理想是否达到对自己的工作的满意度
		组织的	目标实现 社会贡献	学校发展目标是否实现、学校发展对社区和国家教育发展的贡献等
		组织成员的	满意度 服从 转变	组织成员的满意度，是否服从校长的领导、教师工作积极性状况、学生的发展等

三、中小学校长领导效能的提升策略

（一）传统领导理论的贫乏与局限

著名的领导理论家沃伦·本尼斯在1959年写道："在社会心理学所有模糊而混乱的领域中，领导理论无疑在竞争着最高席位。或许在行为科学中，有关领导的作品多却闻名寥寥的情况超过了任何其他的话题。"1974年，拉尔夫·斯托格迪尔写道："有关领导的40年研究，产生了一大堆令人迷茫的研究成果。"[①] 也就是说，现有的领导理论不可谓不多，但真正能够指导人们领导实践的的确不多。在很多看似合理的领导理论之间，又存在彼此矛盾的现象，让人无所适从。近百年来，人们一直试图通过实验研究的形式来验证领导理论的适用性，重复验证的实验从未间断过，但是人们还是没有形成对领导的整合性认识，"从未有过如此辛苦、如此长久、却如此说不出个所以然来"[②] 的领域。可见，领导理论的贫乏并不是领导研究的贫乏、也不是研究成果的贫乏，而是领导理论的实际效果的贫乏——从领导特质理论、领导行为理论到领导权变理论，各个理论阶段都提出了鲜明的观点，但是真正能指导领导实践的的确不多。

传统领导理论的局限性可能是导致上述现象发生的关键原因。局限性的根本就在于众多的研究只是停留在领导的表面进行研究，没有深入到领导的实质内涵。停留在表面的研究者想当然地认为抓住了领导的实质，其实不然。这就出现了非常有趣的现象，现实生活中很多的领导者并不符合传统领导理论的要求，但是他们却成功了；而真正

① ［美］萨乔万尼．道德领导——抵及学校改善的核心．上海：上海教育出版社，2002：4－5

② ［美］萨乔万尼．道德领导——抵及学校改善的核心．上海：上海教育出版社，2002：4－5

符合传统领导理论要求的领导者可能又不成功。由于没有把握领导的本质内涵，进而就导致了研究者对领导者与被领导者、有效领导与无效领导、成功领导与不成功领导的错误认识。这导致领导理论研究越深入，误入歧途的程度越深。

（二）道德领导——传统领导理论的突破与创新

当前，很多学者都在反思传统领导理论研究的问题，萨乔万尼和伯恩斯是有代表性的两位学者。其中萨乔万尼提出了道德领导理论；伯恩斯提出了转换式（变革式）领导理论。他们的共同点就是试图突破传统领导的局限，为领导理论研究回归领导本质而努力。

萨乔万尼指出："领导的失败有两个原因。第一，我们已逐渐把领导视作行为而不是行动，视作心理学方面的（因素）而不是心灵方面的（因素），视作与人有关的（东西），而不是与理念有关的（东西）；第二，我们过度强调了科层的，心理的和技术、理性的权威，而严重忽视了专业的和道德的权威。""在第一种情况下，他们割裂了领导之手和领导之脑及领导之心。在第二种情况下，我们割裂领导的过程和领导的本质。其结果造成了领导学文献的几近空泛，以及毫无领导可言的领导实践。"① 从萨乔万尼的论述中，我们可以看出，传统领导存在两种形式：一是过分强调人际交往能力的交际型领导；二是过分强调控制与权威的层级型领导。第一种领导形式，容易导致交易型领导的盛行，领导者和追随者之间的关系是以物易物，这种需求与满足如果只是停留在低层次上，这就意味着"一种领导行为发生了，但它不是为共同和不断追求的一种更高目的把领导者和追随者结合在一起的领导行为"②。也就是说交易双方，就像市场上经常发生的买与卖一样，并不存在一个将彼此联结

① ［美］萨乔万尼．道德领导——抵及学校改善的核心［M］．上海：上海教育出版社，2002：4－5

② 伯恩斯．领导论［M］．北京：中国人民大学出版社，2006：14

在一起的持续性的目的。第二种领导形式容易导致集权式领导的存在。在这种领导观指导下，领导者只考虑权力的获取与行使，从不考虑道德伦理方面的基本要求。也就是说领导只从自己的角度考虑问题，不会考虑追随者的意愿满足。而按伯恩斯的说法“领导就是领导者与追随者在共同的动机、价值观念和目标的基础上结为一体而言，领导是一个道德过程——这种结合，既是基于领导者的真正需要，也是基于追随者的真正需要”①。

从这里我们可以看出，无论是萨乔万尼的道德领导理论还是伯恩斯的转换或领导理论，都在强调领导者和追随者共同追寻的价值的重要性。这种价值缘于需要、愿望与动机，并且是相互的。也就是说，追随者价值的实现需要依靠领导者，而领导者价值的实现也要依靠追随者。这种价值必须是一个能够持久的把领导者和追随者联结在一起的高层次的价值追求。也就是说“领导者和追随着是彼此缠绕在一起的”。萨乔万尼提出，“我们必须启动使学校生活更有意义的旅程，才能充分开启这些动机源泉”②；伯恩斯认为“领导的作用就在于放权于民，和为民众创造获取自由和幸福的更多机会……与专制统治限制自由和妨碍平等不同，领导本质上就是一种积极向上的过程”③。两人的论述为我们寻找共同的价值观提供了切入点。

领导当然需要权力（权威），萨乔万尼认为，学校是专业的学习共同体，学校道德领导就是领导者以道德权威为基础，甄别并确定学校这个学习共同体核心的价值观，建构学校共同愿景与理念，教师基于责任和义务对共享的共同价值观、理念和愿景作出回应，在团队精神下相互协作，进而发挥领导的效能。而伯恩斯对领导和权力行使作了区分，提出“领导是为了实现领导者与追随者双方的共有或共同的

① 伯恩斯．领导论［M］．北京：中国人民大学出版社，2006：30

② ［美］萨乔万尼．道德领导——抵及学校改善的核心［M］．上海：上海教育出版社，2002：35

③ 伯恩斯．领导论［M］．北京：中国人民大学出版社，2006：427

目的，而权力形式通常只是为了实现权力行使者的目的”，也就是说“所有的领导者都是实际的或潜在的权力行使者，而并非所有的权力行使者都是领导者”。

综上所述，不难看出，正如萨乔万尼指出的那样，传统领导方式过于注重领导的特质、行为、技术和理性，忽视了作为附加价值的与道德相关的层面，如信念、价值观、责任与义务等。而真正的领导是聚焦于领导者与追随者共同价值观的实现的，这就意味着，忽视价值观的领导理论不可能取得实质性的进展。在这里，有一点需要说明，我国有学者曾经在关心人的行为、关心组织的行为的基础上，补充了道德行为。领导的道德行为与道德领导不是同一回事。道德行为主要是聚焦于领导的道德表现，与道德领导的精神实质并不能等同。

（三）校长领导效能的提升策略

1. 构建学校高层次共同愿景

共同愿景必须是高层次的，它必须起步于对人类基本需要的满足，拓展于对尊严、尊重的追求，定位于人生意义的实现。校长要通过构建学校共同愿景（职业理想），强调责任与义务，建设学校共同体规范及成员对共同愿景的承诺。

对学校组织来说，共同愿景的重要性不言而喻。因为“教学是无法标准化的，同其他专业人员一样，教师不可能因遵循条文而变得有效。相反，他们需要在实践中创造实用的知识——成为熟练驾驭教学模式的冲浪者”[①]。这就意味着学校工作是很难控制的，更需要对共同愿景的信守与坚持。另外，共同愿景可激发责任心与义务感。萨乔万尼将促使学校成员努力工作的动机分为三种：外在动机、内在动机及

① ［美］萨乔万尼．道德领导——抵及学校改善的核心［M］．上海：上海教育出版社，2002：46

责任与义务。他认为，外在动机的激励，是基于“所能获得的奖赏使（人们）去做”的心理基点，它往往与强硬、有力而直接的科层领导方式相关联，强调的是外部的奖赏，信奉这一动机激励方式的学校领导者赏罚分明，但也使下属的眼光变得狭隘，机械地按照规章条文办事。内在动机的激励，则是基于“正在得到的奖赏使（人们）去做”的心理基点，它往往与借助于人格魅力和圆熟的人际沟通技能的人际领导方式相关联，强调对人们内在的奖赏，即对于愉快、有趣的工作的感受、对和谐的人际氛围的满意、能获得领导的赏识。这是许多校长正在孜孜以求的东西。在内在动机的激励下，下属在决定为何去做、去做什么时，自我利益处于支配的地位，而学校共同愿景、价值、责任与义务均在考虑之外。“情感”因素虽然也参与其中，但它往往被当做“交易”的筹码。运用这一动机规则的学校领导的实践，聚焦于如何借助于人格魅力和圆熟的人际沟通技能使下属感到工作有趣，以换取他们积极的工作态度和良好的工作表现。这样看来，尽管下属的动机已从外部转向内部，但就本质而言，还是没有离开下属的“自利”和领导者与下属之间的“交易”。其结果往往引发下属出现一种过分为自己打算的心态——当下属发现工作是有趣的、愉快的、具有挑战性时，他们就会勤奋工作；反之，则会终止或减少对工作的投入。萨乔万尼指出，学校领导者给予下属外在的刺激，激发内在动机，虽然是常见的方法，却不能给下属带来持续的激励，无法达成超越期望的卓越表现。这实际是忽视了与道德领导方式相关联的“责任与义务”这种激励方式的结果。责任与义务动机的激励源自于学校成员对建设学校这个学习共同体的共同愿景所承担的“责任与义务”的认同，而愿意付出额外的劳动，其出发点是“为美好的东西去做”。当学校成员基于共同的“责任与义务”而工作时，道德的因素就参与其中，它能使人持续投入，甚至当所做的工作已不再有趣或不再令人愉快时，下属仍能持续投入，这种投入不是为自我打算，道德的激励已成为其中的主要力量。

2. **强化道德权威，弱化其他权威来源**

萨乔万尼从领导权威来源的角度对科层领导（人际领导）和道德领导两种领导方式进行了比较，指出了学校道德领导的优越性。在科层领导方式下，组织机构、规章制度、个人的位置和级别都是学校领导权威的主要来源，面对科层的权威，教师只有两个选择：或遵守守则，或面对不利的后果。在人际领导方式下，权威建立在领导者人际技能激励手段以及满足教师个人心理需求基础之上，教师因“自我利益”得到满足，而服从这一权威。但是，这两种领导均不具备足够的能力去建立一种可持续的校内文化。科层权威与个人权威的核心是一样的，它们都强调“听我的”。

其实，这些权威来源既不能满足教师、学生、家长对领导者的真正期望，也不足以使学校提升到一个比较优异的层次。因为每一个人都有自己的职业理想与愿景，都期待成为某种值得信任、值得付出的事业的一部分。因此，学校领导者的权威应建立在学校共同利益意识及对每个人的良好愿望的承诺与尽责之上，而学校共同利益意识及对每个人的良好愿望的承诺与尽责要为学校成员所接受，就离不开学校道德领导倡导的道德权威的作用。源自于道德权威而不是科层制或领导者人格的领导权威，有助于将学校建设成为学习共同体，学校的每一个成员都感到对学校的成功负有责任，都愿为学校的理念与愿景尽责，愿意参与追随学校理念与愿景，在行动中体现平等地承担对学校整体理念的责任和义务。

3. **推行分布式领导**

既然领导者行使权力的目的是实现大家共同的价值观与职业理想，并且大家都会信守并追求自己的职业理想，那么校长就没有必要大权独揽，可以把权力和责任分散到学校组织的各个层次，创建合作式的工作关系和团队精神。分布式领导是道德领导理论在学校组织中的具体实践，是对发挥领导实质作用的有力探索，它基于高层次的共同愿景和学校领导的道德权威。具体来说，分布式领导相信学校组织内部的每一个人都有自己的职业理想，勇于承担责任和义务，以实现共同愿景；分布式领导的核心目标，是使每个个体在拥有共同愿景和融洽气氛的团体中都能取得成功，[①] 也就是说，学校组织内部的每个个体都是主动的执行者，在追求自己的职业理想中获得成功的体验，推动共同愿景的实现；推行分布式领导的关键，是建立团结合作、积极向上、彼此信任的学校组织文化，通过合理分权，建立合作型的工作团队。

① 陈容珍．分布式领导与学校管理变革［J］．中国教育技术装备，2006（6）

参考文献

[1] 熊岚．英国教师评价制度的改革及启示［J］．教学与管理，2000，10.

[2] 周成海，靳涌韬．美国教师评价研究的三个主题［J］．外国教育研究，2007（1）：4.

[3] Fuller，F. F. Concerns of Teachers：A Developmental Conceptualization［J］. American Educational Research Journal，1969（6）：207－224.

[4] 杨秀玉．教师发展阶段论综述［J］．外国教育研究，1999（6）：38－39.

[5] McGreal，T. L．. Successful Teacher Evaluation［M］. ERIC Document Reproduction Service，1983.

[6] Carl D. Glickman，Stephen P. Gordon，Jovita M. Ross-Gordon. Supervision and Instructional Leadership：A Developmental Approach［M］. Boston：Allyn and Bacon，2001.

[7] Nevo D. How Can Teacher Benefit from Teacher Evaluation？［J］. Journal of Personnel Evaluation in Education，1994，8（2）：109－117.

[8] 沈玉顺．现代教育评价学［M］．上海：华东师范大学出版社，2002：45.

[9] Jonson Kathleen，F. Jones，Ellen M．. Promoting Teaching Excellence：A Comparison Of Two Performance Based Teacher Assessment Frameworks［J］. Education，Summer 98，118（4）：499－515.

[10] 葛大汇．对教师评价中的权力与人性的认识［J］．教育理论与实践，2004（11）：37.

［11］ Mertler, Craig A., Petersen, George J.. A Collaborative Model of Teacher Evaluation: Roles and Challenges Faced by Various Constituent Groups [M]. ERIC Document Reproduction Service, 1997.

［12］ 王小飞. 英国教师评价制度的新进展——兼“PRP”体系计划述评 [J]. 比较教育研究, 2003 (3).

［13］ 葛大汇. 对教师评价中的权力与人性的认识 [J]. 教育理论与实践, 2004 (11): 35.

［14］ Darling-Hammond, L., Wise, A. E. &Pease S. R.. Teacher Evaluation in the Organizational Context: A Review of the Literature [J]. Review of Educational Research, 1983, 53 (3): 285 – 328.

［15］ Danielson & McGreal. 教师评价——提高教师专业实践能力 [M]. 北京: 中国轻工业出版社, 2005: 6.

［16］ Worthen, Blaine R. Educational Evaluation [M]. Longman, 1987: 62 – 70.

［17］ Shinkfied, A. T. &Stufflebeam, D. Teacher evaluation: Guide to effective practice [M]. Boston: Kluwer Academic Publishers, 1995: 6.

［18］ [美] 萨乔万尼. 道德领导——抵及学校改善的核心 [M]. 上海: 上海教育出版社, 2002: 46

［19］ 龚孝华. 重建学校教育评价的价值基础 [J]. 高等教育研究, 2006: 6.

［20］ 龚孝华. 学校教育评价探索之旅 [M]. 北京: 教育科学出版社, 2007: 10.

［21］ Charlotte Danielson & Thomas L. McGreal. 教师评价——提高教师专业实践能力 [M]. 北京: 中国轻工业出版社, 2005: 3 – 4.

［22］ 蔡永红, 黄天元. 教师评价研究的缘起、问题及发展趋势 [J]. 北京师范大学学报 (社会科学版), 2003 (1): 132.

［23］ 于京天. 试论教师评估改革的定位与依据 [J], 课程 教材 教法, 2001 (9).

［24］ 黄济. 教育哲学通论 [M]. 南昌: 江西教育出版社, 1998: 402.

［25］刘本固．教育评估的理论与实践［M］．杭州：浙江教育出版社，2000：38.
［26］沈玉顺．现代教育评估［M］．上海：华东师范大学出版社，2002：45.
［27］国家教育部．基础教育课程改革纲要（试行）［M］．2001.
［28］瞿葆奎．教育学文集·教育评估［M］．北京：人民教育出版社，1989：497.
［29］蔡敏．论教育评估的主体多元化［J］．教育研究与实验，2003，(1)．
［30］王汉澜．教育评估学［M］．开封：河南大学出版社，1995：6.
［31］陈玉琨．教育评估学［M］．北京：人民教育出版社，1999：12.
［32］郑金洲．校本研究指导［M］．北京：教育科学出版社，2002：4.